Péché de Gourmandise à broder

Vous venez d'acquérir cet ouvrage et nous vous en remercions vivement.
Pour obtenir notre catalogue général gratuit, demandez-le à votre libraire (ou autres points de vente) ou écrivez-nous :

Éditions Didier CARPENTIER 7 rue Saint-Lazare 75009 PARIS
***Tél. :* 01 48 78 00 72 *Fax :* 01 42 82 91 99**
***E-mail :* editions@didiercarpentier.com www.editions-carpentier.com**
 Dépôt légal : janvier 2009 - Imprimé en UE - ISSN 1151-616X - ISBN 978-2-84167-601-9

Photographies : Rémi Dazin PepperMilk

Martine Rigeade

Péché de Gourmandise à broder

50 créations

Éditions Didier CARPENTIER

Matériel et Fournitures

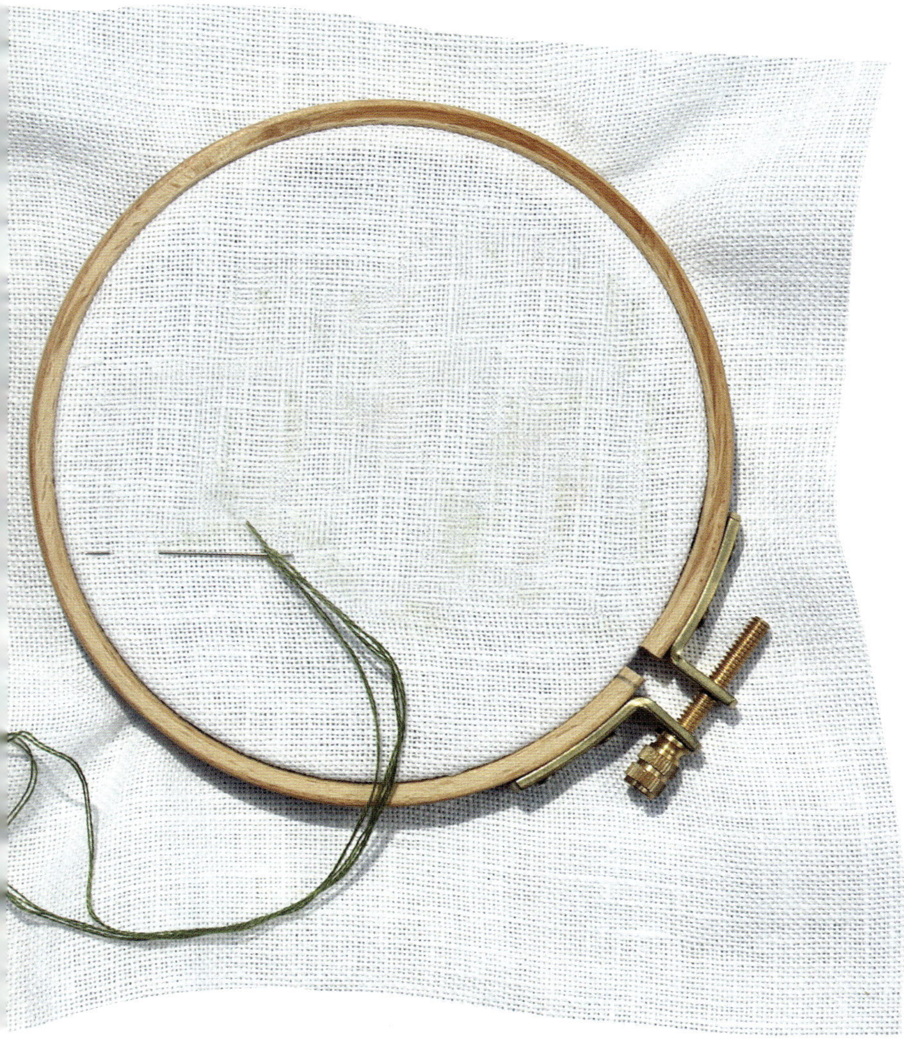

Les fils

Tous les modèles présentés dans cet ouvrage ont été réalisés avec du coton mouliné DMC. Il a l'avantage d'être « grand teint » et de se trouver généralement dans toutes les merceries.

Les aiguilles

Utilisez des aiguilles à bout rond. Elles permettent de bien glisser entre les fils du tissu.

Les toiles

Choisissez de préférence des toiles avec un tissage régulier comportant le même nombre de fils en chaîne et en trame. Toutefois, vous obtiendrez un résultat intéressant avec une toile irrégulière.
Vous pourrez donc utiliser toutes sortes de toiles, à condition de pouvoir compter les fils.

La toile Aïda est très facile à utiliser par les débutants, car un carré est égal à un point. Elle existe en différentes grosseurs.

La toile unifil est pratique pour deux raisons : d'une part, elle est un bon support pour le point de croix, d'autre part, vous pouvez l'utiliser comme un canevas et faire du petit point (de droite à gauche, avec 2 ou 3 fils de coton mouliné).
Le résultat donnera un motif diminué de moitié, vous entrerez alors dans le domaine de la miniature.

La toile de lin est de loin la toile la plus belle, mais c'est aussi la plus chère et la plus délicate à broder. Mais quel plaisir de travailler, avec un seul fil, sur une toile extra fine !

Le tambour à broder

Il en existe de différentes tailles.
Choisissez votre tambour en fonction de l'ouvrage que vous désirez réaliser. Il vous assurera un travail impeccable et d'une très grande régularité.

Les autres accessoires utiles

Une paire de ciseaux à bouts pointus pour défaire d'improbables erreurs ainsi qu'une paire de ciseaux de couturière pour couper la toile.

Comment commencer l'ouvrage ?

Reportez-vous aux diagrammes en couleurs et aux références des fils utilisés pour chaque modèle.
Commencez toujours la broderie par le milieu, afin de bien centrer le motif sur la toile.

Le brodé-découpé

Adaptez la dimension de la toile à celle de votre tambour.
Brodez le motif et collez-le sur de la viseline thermocollante.
Découpez-le ensuite soigneusement au ras de la broderie.

Conseil

Essayez de ne pas enjamber, avec le fil, les parties qui seront découpées.

Le fil tiré

À l'aide d'une aiguille, ôtez un fil de trame. Ce fil sert de repère pour centrer votre broderie dans la toile.
Il permet également de marquer l'emplacement de l'ourlet.

Les points utilisés

Le point de croix

Comme son nom l'indique, c'est une croix formée par le croisement de deux points obliques.
Commencez toujours la broderie dans le même sens. Évitez que le fil ne vrille et ne faites aucun nœud.

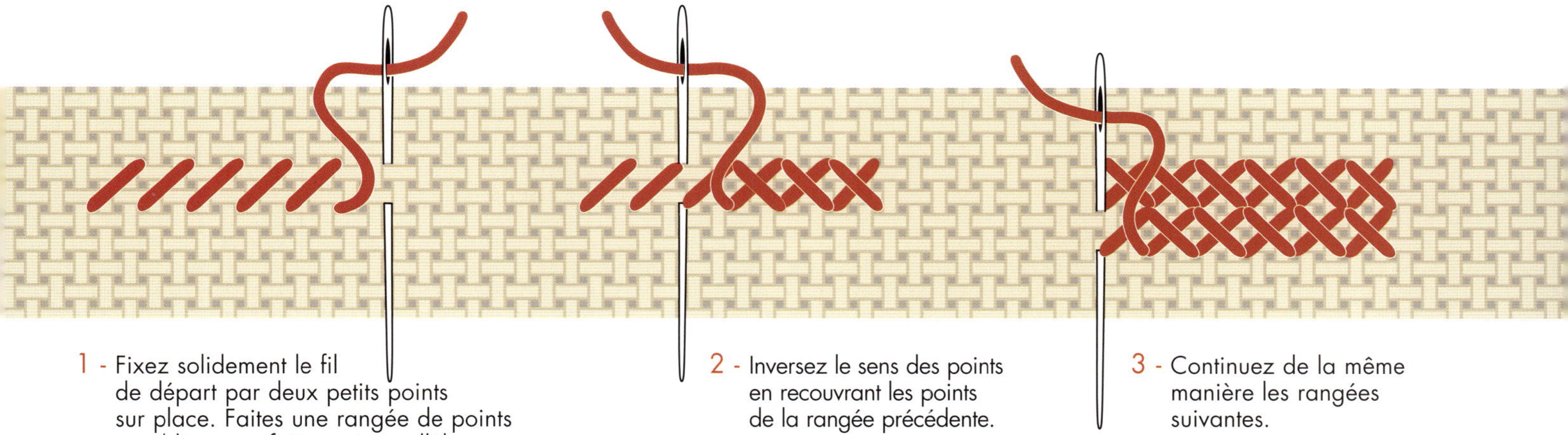

1 - Fixez solidement le fil de départ par deux petits points sur place. Faites une rangée de points en oblique parfaitement parallèles.

2 - Inversez le sens des points en recouvrant les points de la rangée précédente.

3 - Continuez de la même manière les rangées suivantes.

Le point de trait

Appelé aussi point arrière ou point de piqûre, il sert à souligner certaines parties de la broderie. Il se fait en dernier, généralement avec un seul brin dirigé de droite à gauche et en repiquant dans la sortie du brin du point précédent.

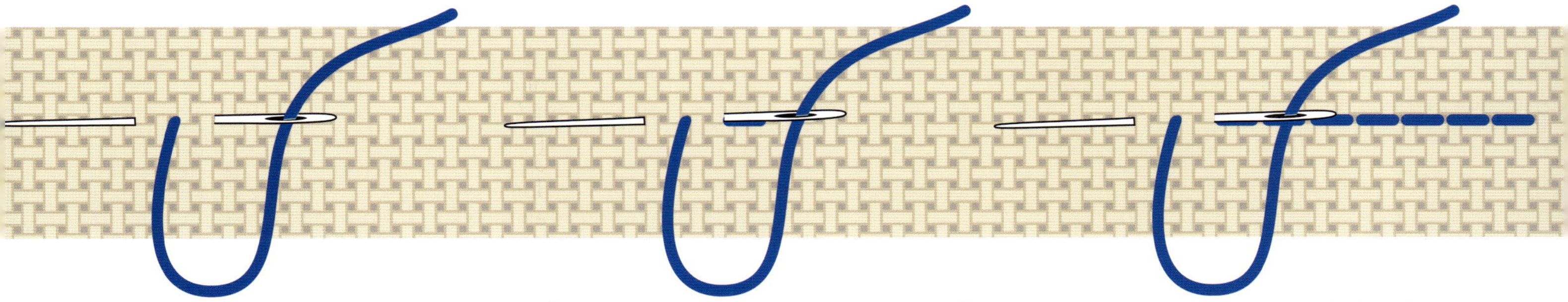

1 - Commencez en faisant ressortir l'aiguille du tissu.

2 - Faites un point arrière de la longueur souhaitée.

3 - Passez l'aiguille sous le tissu en calculant deux fois la longueur de ce point. Faites ressortir l'aiguille du tissu. Piquez l'aiguille dans la sortie du point précédent. Continuez.

Le demi-point de croix

Il n'est fait que d'un seul point oblique dirigé vers la droite. Il permet d'alléger une couleur et on le trouve souvent dans les ciels et les ombres.

Le petit point

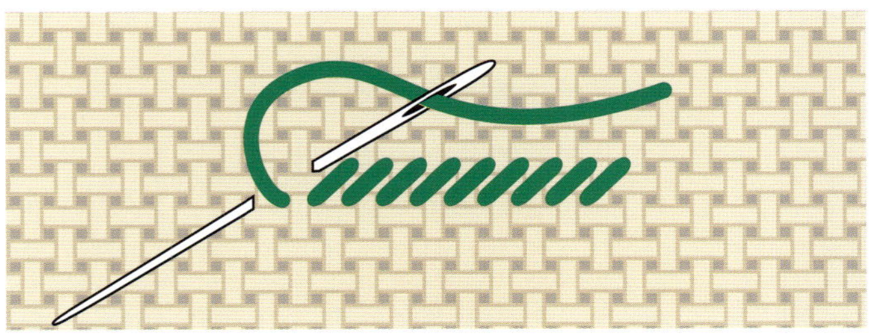

Le principe est le même que pour le point de croix, mais en travaillant de droite à gauche et en utilisant un seul fil horizontal et un seul fil vertical de la toile pour passer le coton mouliné. Cette technique permet de réduire un motif de moitié.

Au fond du vin se cache une âme.

Théodore de Banville

Joyeux festin

Dimensions : 14 x 28 cm

une échevette de coton mouliné DMC de chaque coloris
20 x 35 cm de toile de lin (ficelle) en 14 fils/cm
75 cm de croquet (rouge) – une petite branche (tringle)

Reportez-vous aux diagrammes et brodez le motif au point de croix avec 2 brins de coton mouliné par aiguillée ainsi que la citation au petit point *(voir page 5)*.

Tirez un fil à 2,5 cm de chaque côté du motif.

Coupez le tissu à 1 cm du fil tiré et repliez-le sur celui-ci.

Repassez pour aplatir l'ourlet.

Formez une pointe sur la partie inférieure.
Repassez puis cousez le croquet rouge sur le tour.

Retournez la partie supérieure de la bannière, à 3 cm du haut du motif, et cousez-la au dos, en laissant les côtés du rabat ouvert.

Glissez la tringle dans l'ourlet ainsi obtenu.

milieu

Point de trait en 3799 (1 fil)
Point de trait en 321 (2 fils)
Point de trait en 367 (2 fils)

- Blanc
- 321
- 902
- 3799
- 712
- 739
- 676
- 680
- 434
- 839
- 368
- 367
- 415

115

milieu

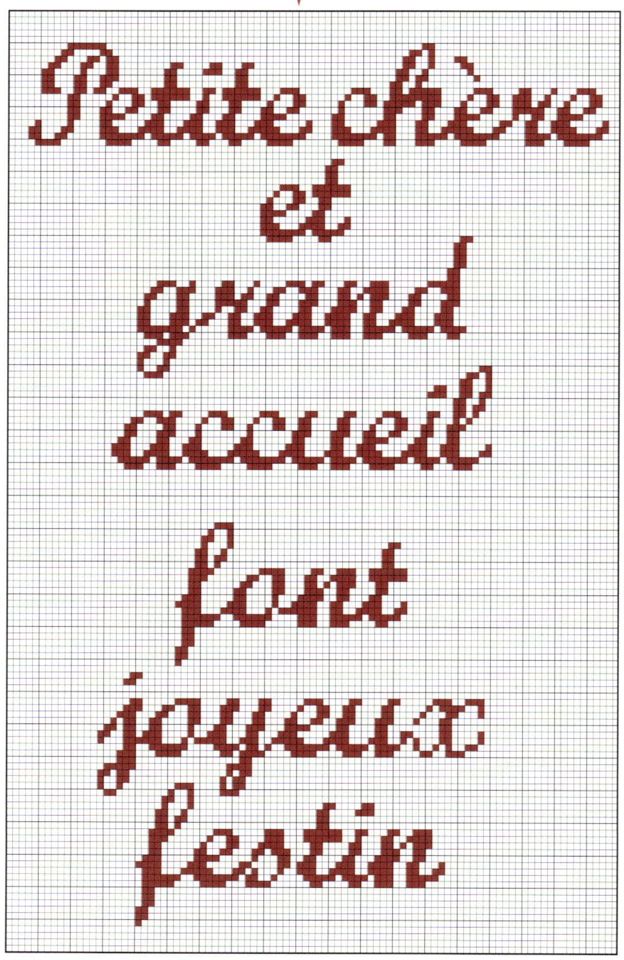

Petite chère
et
grand
accueil
font
joyeux
festin

L'heure du thé

Un vrai guerrier, comme le thé, montre sa force dans l'eau chaude.
Proverbe chinois

Dimensions d'une étiquette : 5,5 x 6,5 cm

une échevette de coton mouliné DMC de chaque coloris
des chutes de toile de lin (écru) en 14 fils/cm – du raphia
de la viseline thermocollante – des œillets et les outils pour la pose

Reportez-vous au diagramme et brodez le motif au point de croix avec 2 brins de coton mouliné par aiguillée.

Brodez le titre de l'étiquette de votre choix au petit point *(voir page 5)*.

Collez de la viseline thermocollante au dos de chaque broderie, reportez la forme de l'étiquette *(voir schéma ci-contre)* et découpez en suivant son contour *(voir* Le brodé-découpé *page 4)*.

Posez un œillet en haut de chaque étiquette et passez un brin de raphia dans celui-ci.

• 746	792
3689	368
3688	367
3687	3046
209	3045
208	842
3840	841
793	839

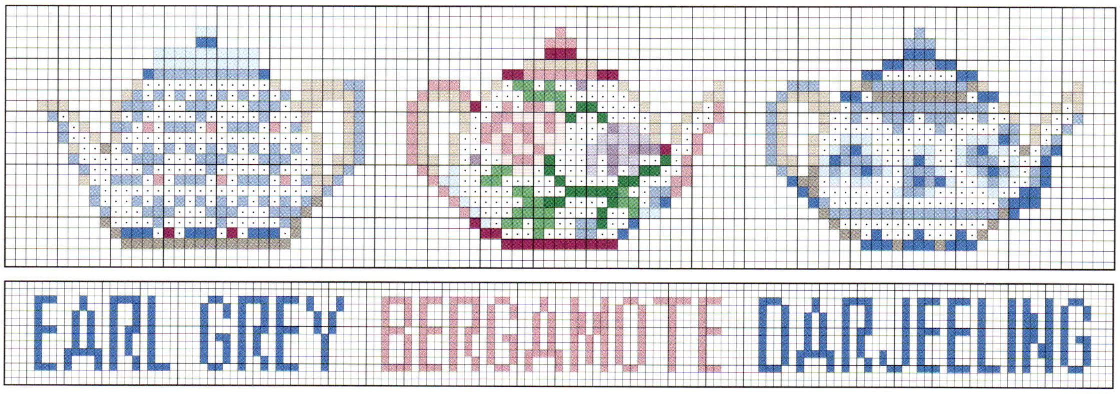

Proposition de variantes

EARL GREY
BERGAMOTE

Un repas est insipide,
s'il n'est assaisonné
d'un brin de folie.
Didier Erasme

L'heure du festin

Dimension : 25 cm de côté

- L ecru
- L 822
- L 3790

une échevette de fil de lin DMC de chaque coloris – 35 x 35 cm de toile de lin (ficelle) pour le support
30 x 30 cm de toile de lin (ficelle) en 14 fils/cm pour le motif
4 tasseaux de 9 cm de longueur en 1 cm d'épaisseur
un rond en carton de 22 cm de diamètre en 3 mm d'épaisseur
une planche de bois de 25 cm de côté en 1,5 cm d'épaisseur – un mécanisme d'horlogerie

Reportez-vous au diagramme et brodez le motif au point de croix sur la toile de lin avec 2 brins de fil de lin par aiguillée.

Collez la broderie sur le rond en carton. Faites un trou d'environ 1 cm de diamètre au milieu de celui-ci pour permettre le passage des aiguilles de l'horloge.

Prenez la planche de bois et effectuez, en son centre, une ouverture de 9 cm de côté. Habillez la planche de bois avec la toile de lin. Évidez cette toile de lin au niveau de l'ouverture.

Clouez les tasseaux autour de l'ouverture. Posez le mécanisme d'horlogerie sur le rond en carton en passant les aiguilles dans le trou précédemment réalisé. Collez cet ensemble sur les tasseaux.

Vin
Pigeon Truffe
Macarons
Huitres
magret
champagne
Tournedos
Homard FOIE GRAS
Saumon Ris de veau
Gigot Cèpe Crabe
Terrine Langouste
Oie Médoc Sole

La cuisson des œufs

*Il est de la morale
comme des oeufs :
elle se laisse accommoder
à toutes les sauces.*

Dimensions : 15 x 34 cm

une échevette de coton mouliné DMC
20 x 40 cm de toile de lin (écru) en 14 fils/cm
75 cm de croquet (rouge)
une attache de suspension à coudre

Reportez-vous au diagramme ci-contre et brodez le motif au point de croix avec 2 brins de coton mouliné par aiguillée.

Tirez un fil à 1,5 cm de chaque côté du motif.

Coupez le tissu à 1 cm du fil tiré et repliez-le sur celui-ci.

Repassez pour aplatir l'ourlet.

Formez une pointe sur la partie inférieure.

Repassez puis cousez le croquet rouge sur le tour de la bannière.

Retournez la partie supérieure à 3 cm du haut du motif et ourlez-la au dos.

Cousez l'attache de suspension à l'arrière de la toile de lin.

Cuisson
des
oeufs
à la coque 3 mn
mollets 6 mn
durs 10 mn

La gourmandise commence quand on n'a plus faim.
Alphonse Daudet

Un petit creux

Pour un sac :

Dimension : 12 cm de côté

une échevette de coton mouliné DMC de chaque coloris
15 x 30 cm de toile de lin (ficelle) en 14 fils/cm
15 x 30 cm de tissu imprimé (marron)
50 cm de ruban fantaisie (marron)

- 3855
- 3827
- 976 + 977
- 3826
- 301
- 300

Chaque petit sac est brodé sur le recto et sur le verso.

Reportez-vous au diagramme ci-contre et brodez les motifs au point de croix avec 2 brins de coton mouliné par aiguillée, en laissant 4 cm entre les deux gâteaux.

Pliez la broderie en deux dans le sens de la hauteur, endroit contre endroit et cousez les côtés à 1 cm de la broderie. Retournez sur l'endroit.

Repliez vers l'intérieur le haut du sac à 2,5 cm du motif.

Procédez de la même manière avec le tissu imprimé marron pour confectionner la doublure.

Insérez celle-ci dans le sac, envers contre envers, en la laissant dépasser de quelques millimètres.

Coupez le ruban fantaisie marron en deux morceaux de 25 cm de longueur.

Assemblez le sac et sa doublure en insérant un morceau de ruban au milieu de chacun des côtés.

Petit beurre
Petit plaisir

Les gâteaux

*Les beaux-arts sont au nombre de cinq :
peinture, sculpture, poésie,
musique et architecture laquelle
a pour branche principale la pâtisserie.*
Antonin Carême

*une échevette de coton mouliné DMC de chaque coloris – des chutes de toile de lin (écru) en 14 fils/cm
50 cm de ruban (marron) en 1 cm de largeur pour chaque gâteau – de la viseline thermocollante*

Reportez-vous au diagramme et brodez les motifs en brodé-découpé *(voir page 4)* avec 2 brins de coton par aiguillée. Collez la viseline thermocollante au dos de chaque motif en insérant le ruban entre les deux épaisseurs.

Les fraises

Ce sont les enfants et les oiseaux qu'il faut interroger sur le goût des cerises et des fraises.

Johann Wolfgang von Goethe

une échevette de coton mouliné DMC de chaque coloris
des chutes de toile de lin en 12 fils/cm
du tissu (vert) pour les pédoncules
de la ouatine

Reportez-vous aux diagrammes et brodez les motifs au point de croix avec 2 brins de coton par aiguillée.

Découpez autour de la broderie en laissant environ 5 mm de toile.

Pliez la broderie en deux, envers contre envers, faites un rentré avec l'excédent de toile et cousez en points invisibles de **A** à **B** (pour la Gariguette et la Mara des bois) et de **C** à **D** (uniquement pour la Gariguette).

Passez un fil de fronce sur la partie restante, bourrez avec la ouatine et fermez chaque fraise.

Reportez et découpez le pédoncule selon le tracé ci-dessous puis cousez-le au sommet de chaque fraise.

Gariguette

Largeur : 4 cm

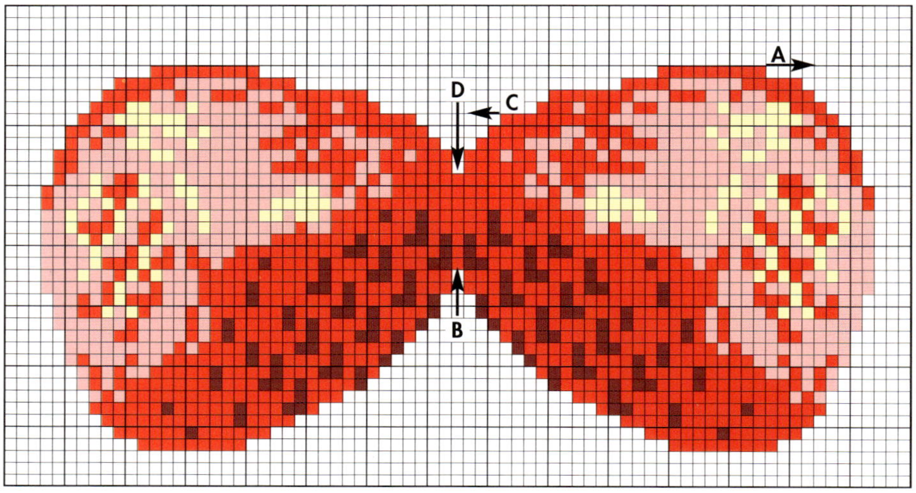

Mara des bois

Largeur : 3 cm

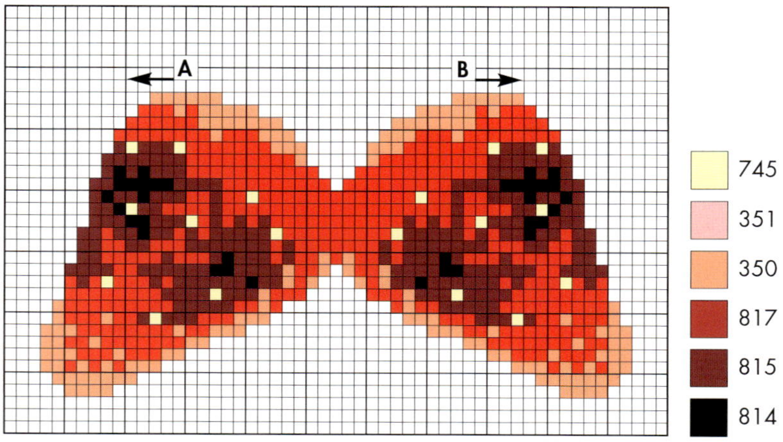

Pédoncule

Tracé à taille réelle

Mes secrets

Si vous n'êtes pas capable d'un peu de sorcellerie, ce n'est pas la peine de vous mêler de cuisine.

Colette

une échevette de coton mouliné DMC de chaque coloris
des chutes de toile de lin (écru) en 14 fils/cm
de la viseline thermocollante – des classeurs

Reportez-vous aux diagrammes et brodez les motifs en brodé-découpé *(voir page 4)* avec 2 brins de coton mouliné par aiguillée.

Brodez le titre des étiquettes au petit point *(voir p. 5)*. Collez ces motifs sur les classeurs.

Religieuse

Dimensions : 12 x 13 cm

- • blanc
- 3047
- 350
- 817
- 816
- 922
- 3826
- 677
- 676
- 436
- 434
- 918
- 898

Hamburger

Dimensions : 13 x 9 cm

- • blanc
- 351
- 349
- 321
- 815
- 677
- 676
- 3827
- 3826
- 921
- 920
- 976
- 300
- 938
- 3348
- 471
- 469

Étiquettes

Dimensions : 18 x 3 cm

918

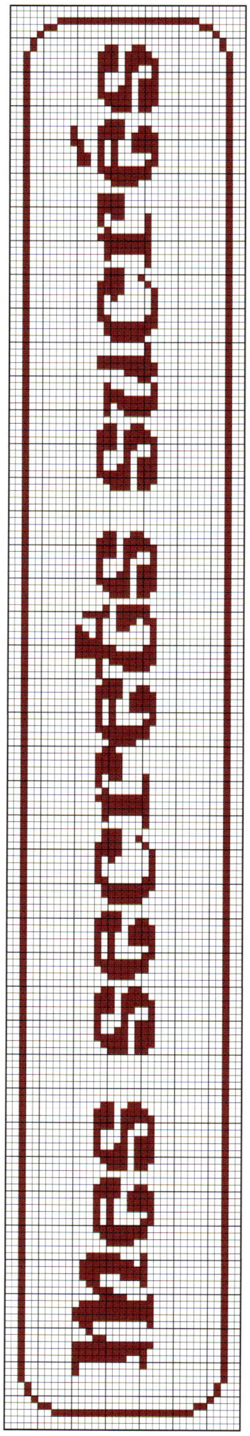

321

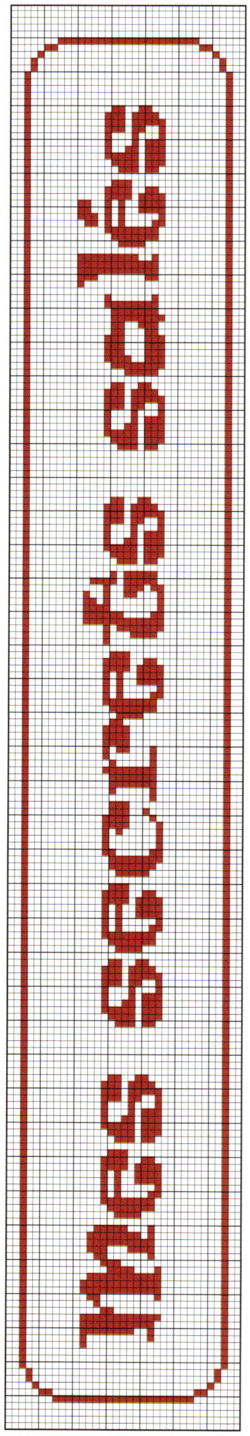

secrets salés
es secrets sucrés

N'est pas gourmand qui veut.

Anthelme Brillat-Savarin

Les macarons

Diamètre : 5 cm

une échevette de coton mouliné DMC de chaque coloris
20 x 10 cm de toile de lin (écru) en 11 fils/cm
du tissu correspondant au coloris du motif désiré (bordeaux, vert ou violet)
du ruban adhésif double face
de la ouatine
un mètre ruban pour chaque macaron

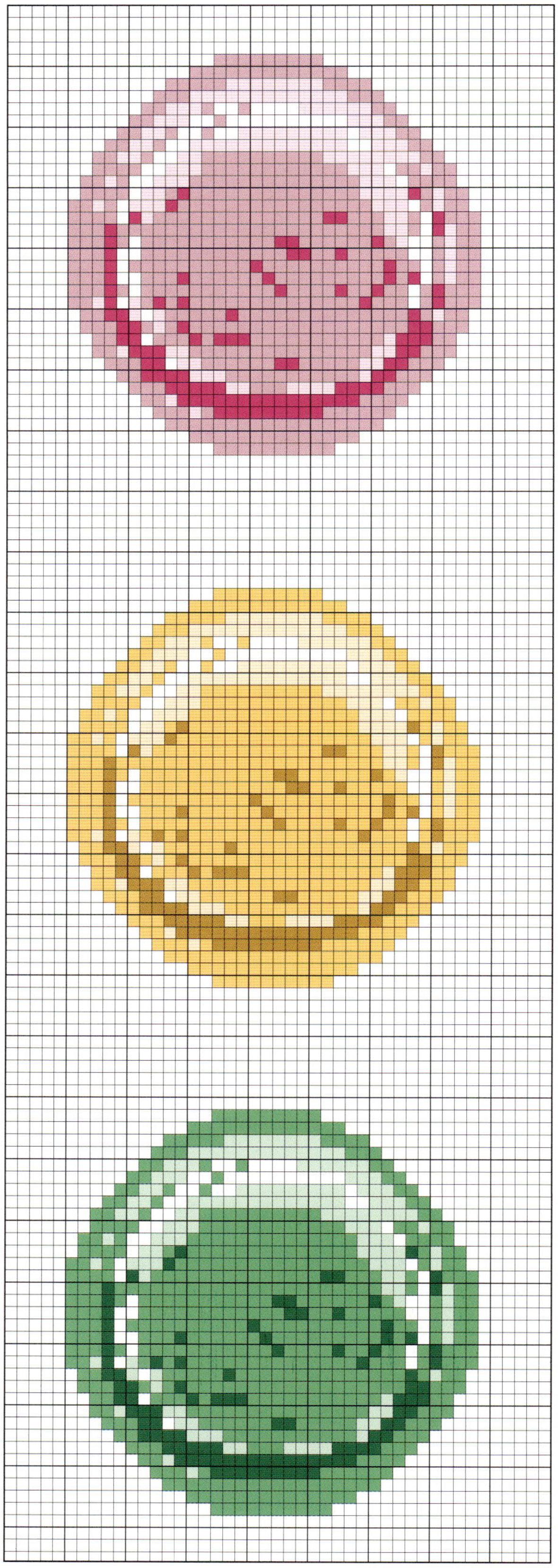

746
3822
3820
782
955
954
912
151
604
603

Reportez-vous au diagramme ci-contre et brodez deux fois le motif au point de croix avec 2 brins de coton mouliné par aiguillée.

Collez du ruban adhésif double face sur la tranche du mètre ruban. Coupez une bande de 18 x 1 cm dans le tissu et collez-la sur le ruban adhésif double face.

Découpez chaque motif à 1 cm de la broderie de façon à former un rentré.

Posez une broderie sur le dessus du mètre ruban en débordant un peu sur le tissu et cousez celle-ci en points invisibles.

Juste avant de finir la couture, bourrez avec de la ouatine.

Répétez l'opération en posant la seconde broderie sur l'autre face du mètre ruban.

Coupez 2 fois 1 m dans une échevette de coton mouliné (les 6 fils) de coloris clair et une fois 1 m de coloris foncé. Pliez en deux pour obtenir 6 brins de 6 fils.

Faites une tresse un peu lâche et cousez-la en points invisibles à cheval sur la broderie et le tissu pour former la collerette du macaron.

Répétez de la même manière pour la seconde collerette.

24

Mes recettes préférées

La gastronomie est l'art d'utiliser la nourriture pour créer le bonheur.
Théodore Zeldin

Dimensions : 33 x 43 cm

une échevette de coton mouliné DMC – un cadre fantaisie de 33 x 43 cm (blanc)
une planche aux dimensions de l'intérieur du cadre – 40 x 50 cm de toile de lin (ficelle) en 12 fils/cm
3 morceaux de toile de lin (ficelle) de 15 x 40 cm en 12 fils/cm – de la viseline thermocollante double face

Reportez-vous aux diagrammes et brodez chaque motif au point de croix avec 2 brins de coton mouliné par aiguillée en les centrant sur chaque morceau de toile de 15 x 40 cm.

Faites un ourlet au-dessus de chaque frise et fixez cet ourlet avec la viseline thermocollante double face.

Habillez la planche avec la toile de 40 x 50 cm. Agrafez les trois bandes brodées sur celle-ci. Encadrez.

alins au chocolat...
J'aime un peu
beaucoup
Soupe de bisous...
passionnément

Confitures maison

Confitures
maison

La confiture n'est bonne que s'il faut monter sur une chaise pour attraper le pot dans le placard.
Alexandre Vialatte

Confitures maison

une échevette de coton mouliné DMC de chaque coloris
une bande de 73 x 15 cm de toile de lin (écru) en 12 fils/cm
(la longueur est à ajuster à celle de votre étagère)
des chutes de toile – de la viseline thermocollante

Classeur

Dimensions de l'étiquette : 11 x 5,5 cm

Reportez-vous au diagramme ci-dessous et brodez les motifs en brodé-découpé *(voir page 4)* sur les chutes de toiles avec 2 brins de coton mouliné par aiguillée.

Brodez l'étiquette *(voir ci-contre)* au petit point *(voir page 5)*. Faites le liseré au point de trait *(voir page 5)* avec un seul brin de coton.

Collez les motifs sur le classeur.

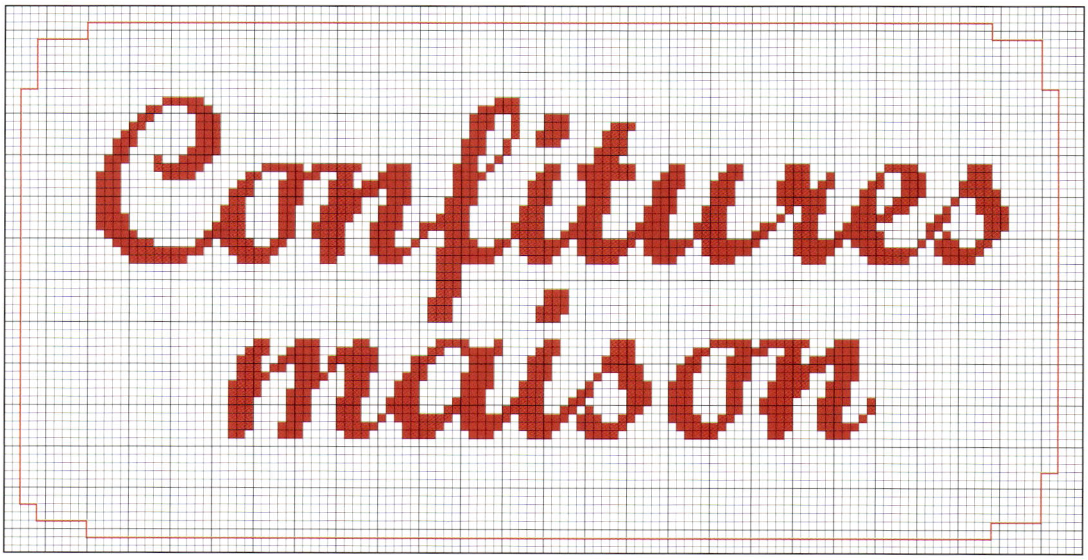

Point de trait en 817 (1 fil)

817

Bordure d'étagère

Dimensions : 73 x 9 cm

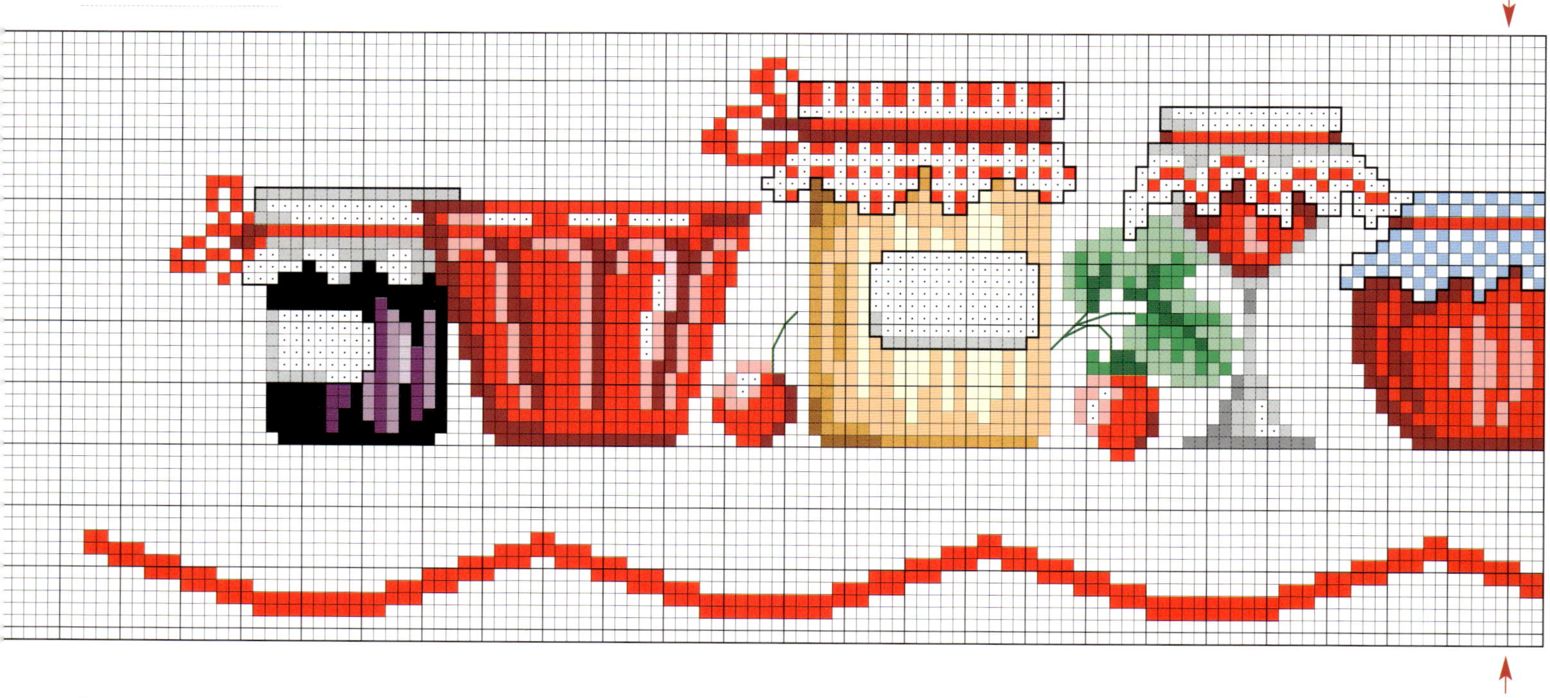

À partir du diagramme ci-dessus, brodez les motifs au point de croix avec 2 brins de coton par aiguillée autant de fois que cela est nécessaire.

Brodez la bordure en faisant chaque point de croix horizontalement sur deux fils et verticalement sur quatre fils.

Découpez soigneusement au ras de la bordure.

Faites un ourlet double de 5 mm de chaque côté et en haut de la broderie.

Idée de charlottes

746	817	470
352	3777	937
350	3348	434

Point de trait en 470 (2 fils)

Point de trait en 937 (2 fils)

• Blanc	816	553	3348	3855	3826		
352	210	327	471	3854	762	734	732
349	554	3840	469	3853	415	733	730

Point de trait en 413 (1 fil)

Point de trait en 817 (1 fil)

Point de trait en 469 (2 fils)

Quand nous chanterons
le temps des cerises
sifflera bien mieux
le merle moqueur.
Jean-Baptiste Clément

Le temps des cerises

Dimensions du couvercle : 24 x 9 cm

une échevette de coton mouliné DMC de chaque coloris
15 x 30 cm de toile de lin (écru) en 16 fils/cm
une boîte de 24 x 9 cm
un morceau de carton de 24 x 9 cm

Reportez-vous au diagramme et brodez le motif avec un seul brin de coton mouliné par aiguillée.
Évidez le couvercle de la boîte sur 20 x 5 cm.
Tendez la broderie sur le carton et collez l'ensemble à l'intérieur du couvercle.

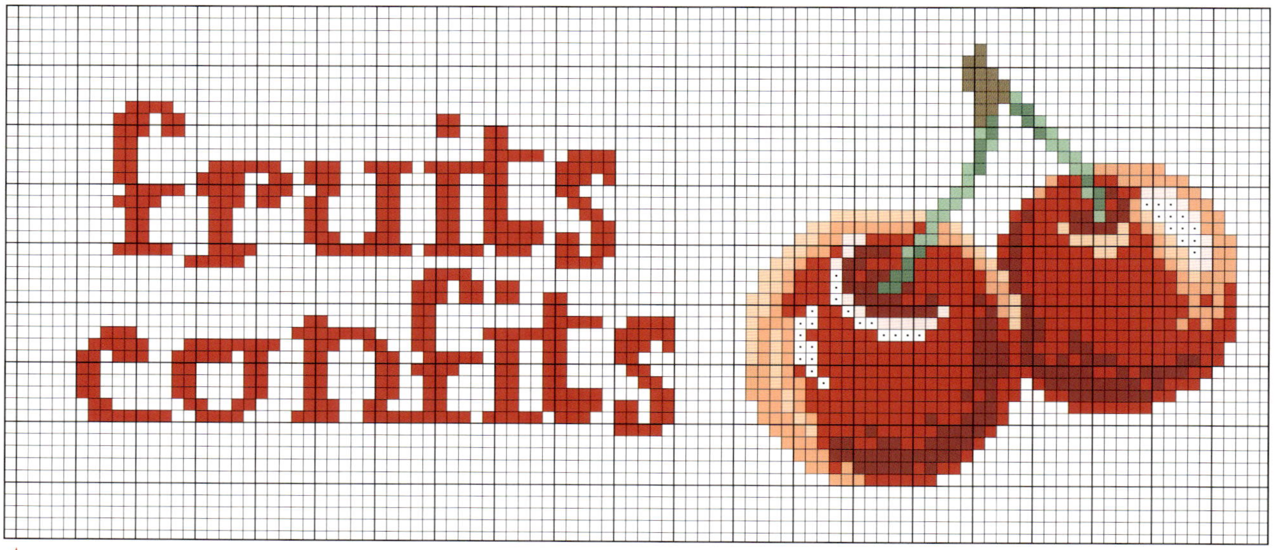

- ● Blanc
- 761
- 352
- 351
- 817
- 221
- 989
- 937
- 839

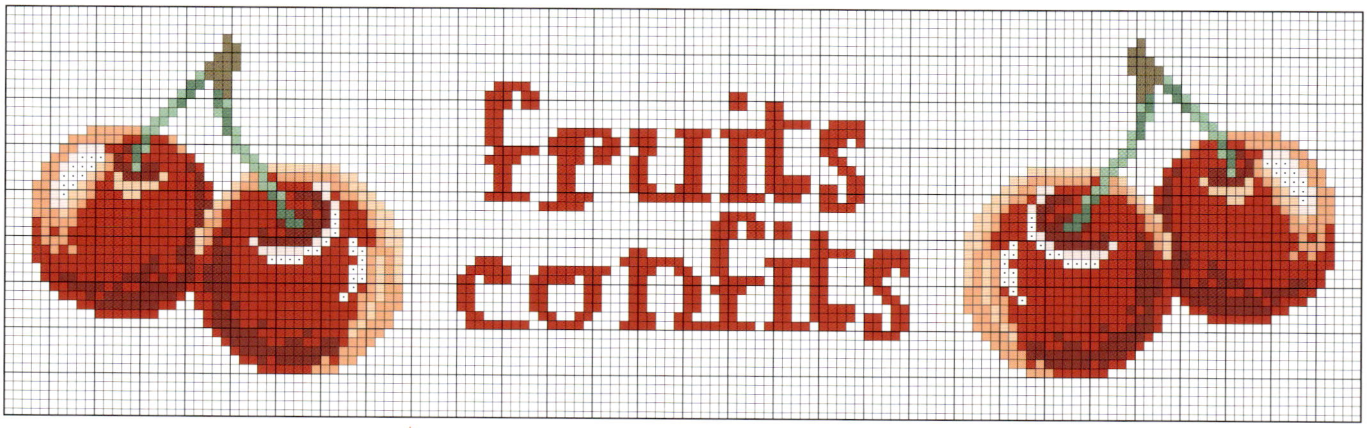

fruits
confits

Les dessous-de-verres

Tout âge porte ses fruits, il faut savoir les cueillir.
Raymond Radiguet

une échevette de coton mouliné DMC de chaque coloris
des chutes de toile de lin en 5,5 points/cm
de la viseline thermocollante

Brodez les motifs au point de croix en vous reportant aux diagrammes avec 2 brins de coton mouliné par aiguillée.
Collez-les sur de la viseline thermocollante et découpez soigneusement au ras de la broderie en suivant leur contour *(voir* Le brodé-découpé *page 4)*.

Pamplemousse

Diamètre : 8,5 cm

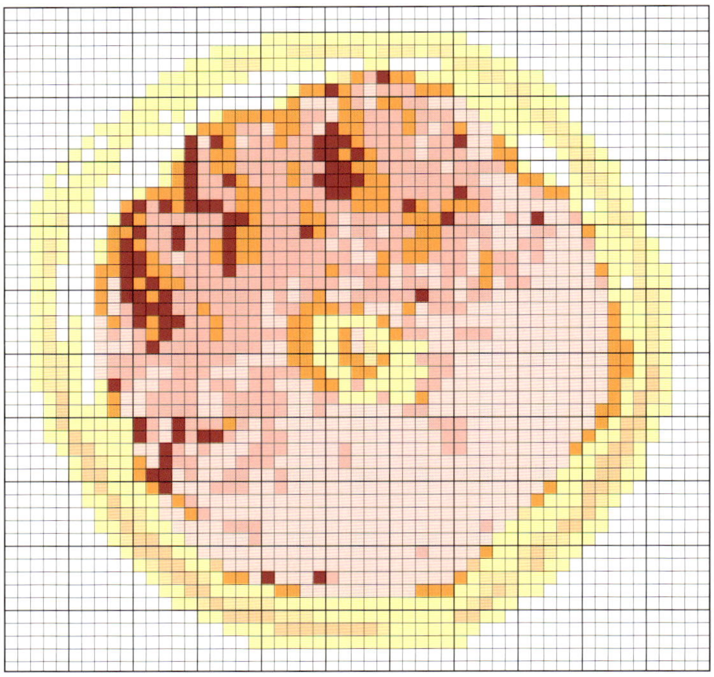

746	350
745	892
3855	3706
744	3340

Citron vert

Diamètre : 7,5 cm

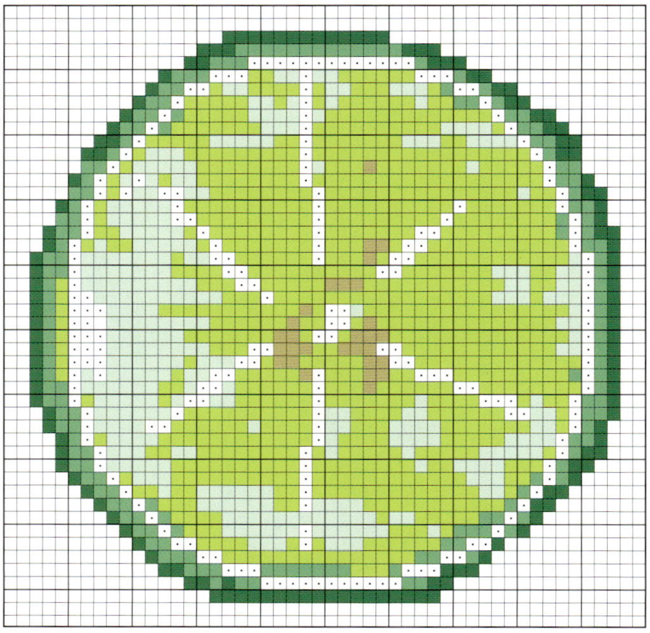

• blanc	3348	703
772 (1 fil)	702	700

Orange

Diamètre : 7,5 cm

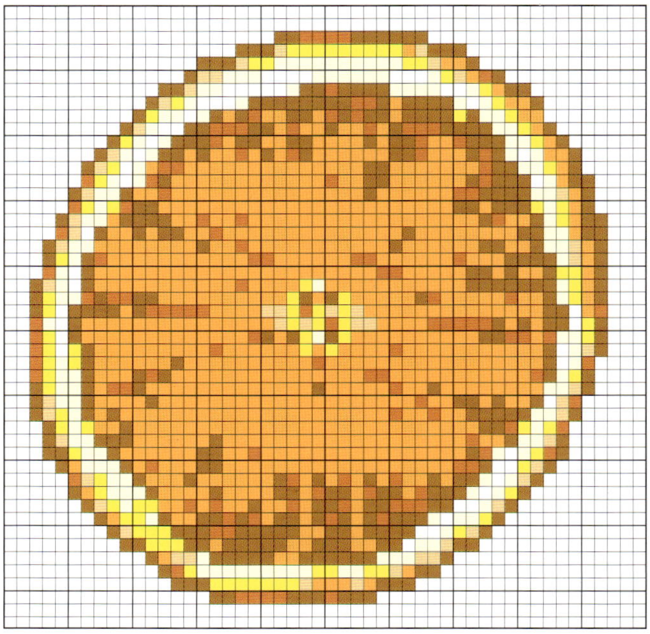

746	726	742	947
745	728	740	

Il n'y a pas d'amour plus sincère
que l'amour de la bonne chère.

G.B. Shaw

La tentation

Dimensions : 11 x 24 cm

une échevette de coton mouliné DMC de chaque coloris
20 x 35 cm de bande de galon en toile Aïda (blanche)
à liseré rouge en 7 points/cm

Reportez-vous au diagramme ci-contre et brodez le motif avec 1 ou 2 brins de coton mouliné par aiguillée.

Formez une pointe en bas de la bannière.

Retournez la partie supérieure de la bannière à 3 cm du haut du motif et ourlez-la au dos en laissant les deux côtés du rabat ouvert.

Vous pouvez glisser une tringle dans cet ourlet.

- Blanc (1 fil)
- 415 (1 fil)
- 318 (1 fil)
- 317 (1 fil)
- 437 (1 fil)
- 437
- 436 (1 fil)
- 436
- 434 (1 fil)
- 434
- 433
- 3348
- 3347
- 744
- 3820
- 3688
- 3687
- 3685
- 415
- Point de trait en 817 (1 fil)
- Point de trait en 317 (1 fil)

Dépêchons-nous
de succomber à
la tentation
avant qu'elle ne
s'éloigne

Envie de glaces

Fraise...
Pistache...

La gourmandise
est l'apanage exclusif
de l'homme.
Anthelme Brillat-Savarin

Envie de glaces

Dimensions d'un set de table : 42 x 32 cm

une échevette de coton mouliné DMC de chaque coloris
50 x 40 cm de toile de lin (pour chaque set) coloris rose, vert, jaune et bleu en 11 fils/cm

745	676	783	434	151	604	3806	3805

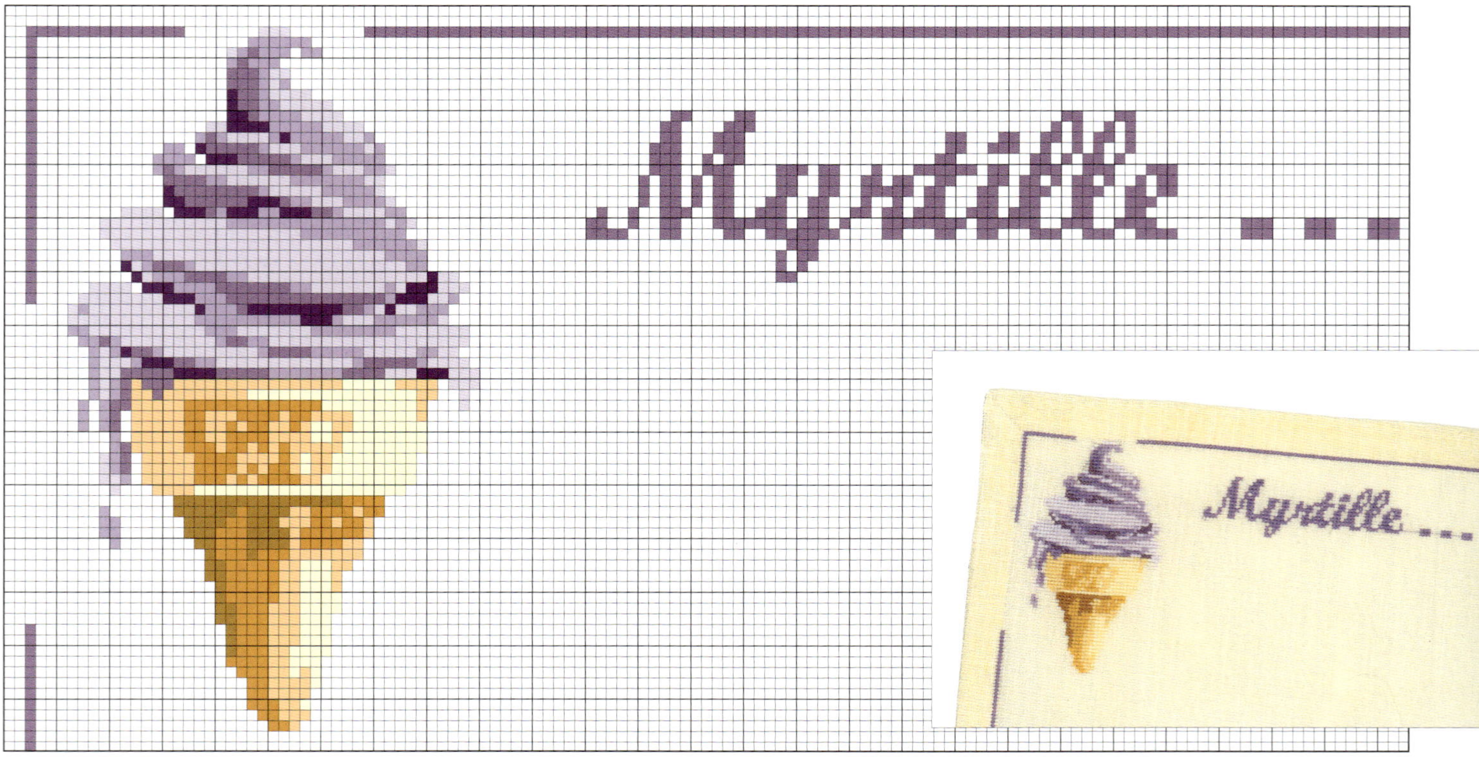

745	676	783	434	211	209	208	327

745	676	783	434	955	563	562	501

Reportez-vous aux diagrammes et brodez au point de croix le motif de chaque set avec 2 brins de coton mouliné par aiguillée.
Tirez un fil à 2 cm autour de chaque motif.
Coupez le tissu à 4 cm du fil tiré et faites un ourlet double.
Repassez pour aplatir l'ourlet.

745	676	783	434	436	433	938

Les bonbons

De toutes les passions, la seule vraiment respectable me paraît être la gourmandise.
Colette

Sucette

Hauteur : 12 cm – Diamètre : 5 cm

2 chutes de toile de lin de 7 cm de côté en 14 fils/cm
1 bâtonnet (tuteur peint en blanc) de 12 cm de longueur
une feuille de plastique transparent

- • Blanc
- 3774
- 950
- 436
- 3772
- — 151
- 3708
- 893
- 892

Reportez-vous au diagramme ci-contre et brodez deux fois le motif avec 2 brins de coton mouliné par aiguillée.

Découpez la broderie en laissant 1 cm autour du motif.

Posez les deux broderies, envers contre envers, repliez l'excédent de tissu vers l'intérieur et cousez à points invisibles en insérant le bâtonnet juste avant de fermer.

Enveloppez la sucette dans la feuille de plastique transparent et fixez avec deux brins de coton rose.

Réglisse

Diamètre : 5 cm

des chutes de toile Aïda (noire) en 7 points/cm
18 cm de biais (noir) en 1 cm de largeur
2 ronds de carton de 5 cm de diamètre

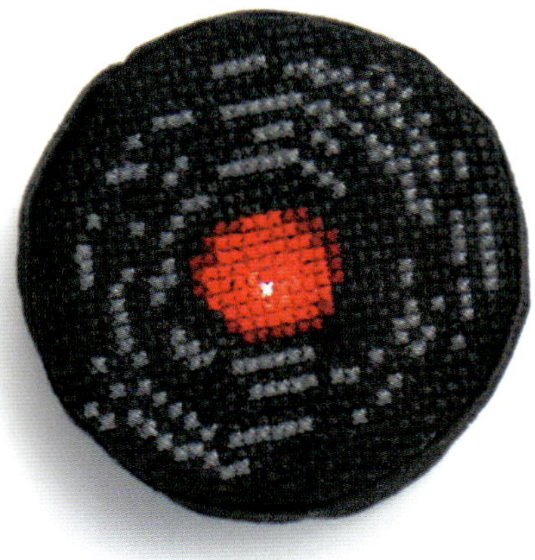

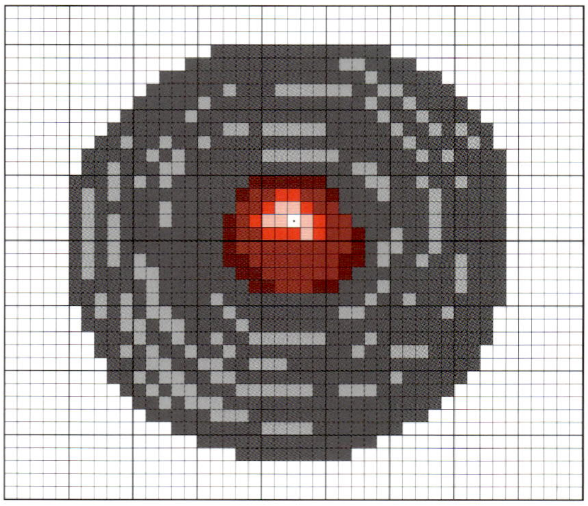

- • blanc
- 350
- 666
- 321
- 814
- 413

Reportez-vous au diagramme ci-contre et brodez deux fois le motif au point de croix avec 2 brins de coton mouliné par aiguillée.

Découpez les broderies en laissant 1 cm autour du motif.

Passez un fil de fronces autour de la broderie, posez un rond de carton et tirez sur le fil de fronces.

Faites la même chose avec la seconde broderie.

Assemblez les deux ronds en cousant le biais sur la tranche, en points invisibles.

CARA

Barre choco

Dimensions : 12,5 x 4 cm

10 x 15 cm de toile Aïda (noire) en 7 points/cm – de la ouatine

Reportez-vous au diagramme ci-dessous et brodez le motif au point de croix avec 2 brins de coton mouliné par aiguillée.

Pliez la broderie pour lui donner une forme de barre chocolatée et fermez-la en points invisibles dans la longueur.

Faites une couture à 5 mm de chaque côté du motif et coupez à 1 cm de cette couture avec une paire de ciseaux à lames crantées.

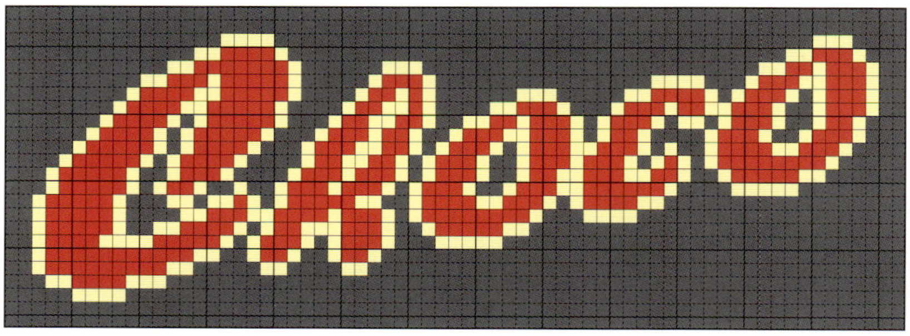

349

744

Caramel

Longueur : 8 cm

10 x 12 cm de toile de lin (jaune) en 11 fils/cm – de la ouatine

Reportez-vous au diagramme et brodez le motif au petit point *(voir page 5)* avec 2 brins de coton mouliné par aiguillée.

Découpez la broderie en laissant 1 cm en haut et en bas du motif et au ras de la broderie de chaque côté.

Pliez la broderie en deux et cousez, en points invisibles, sur toute la longueur.

Remplissez le tube obtenu avec de la ouatine et fermez chaque extrémité avec un fil de fronces.

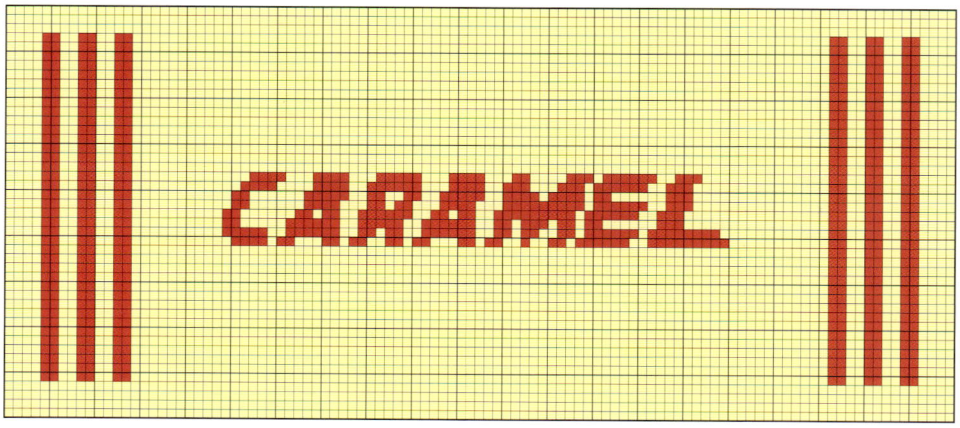

349

Berlingots

Dimensions :

3 x 3,5 cm *(grand berlingot)* – 1,5 x 1,5 cm *(petit berlingot)*

une chute de toile de lin (rose) en 11 fils/cm
de la ouatine

Reportez-vous au diagramme et brodez le motif au point de croix avec 2 brins de coton mouliné par aiguillée.

Découpez la broderie en laissant 1 cm autour du motif.

Pliez la broderie en deux, endroit contre endroit et cousez 2 côtés *(fig. 1)*.

Retournez le berlingot sur l'endroit *(fig. 2)*.

Cousez le dernier côté en positionnant la couture déjà réalisée au milieu *(fig. 3 et 4)*.

fig. 1

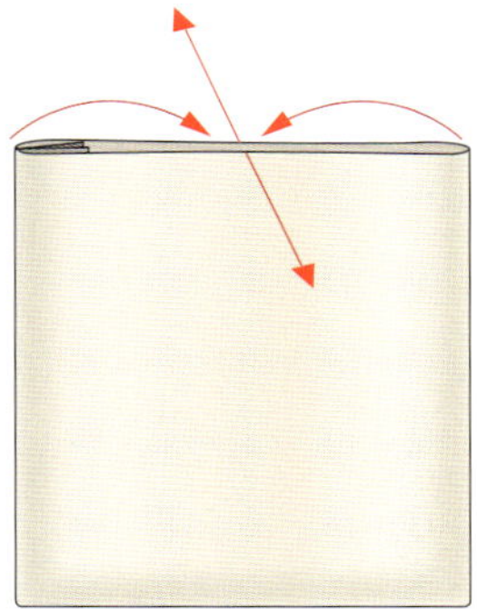

fig. 2

Procédez de la même manière pour le petit berlingot en le brodant au petit point *(voir page 5)*.

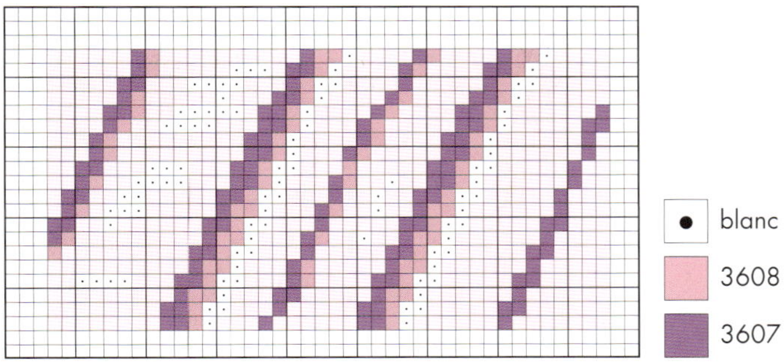

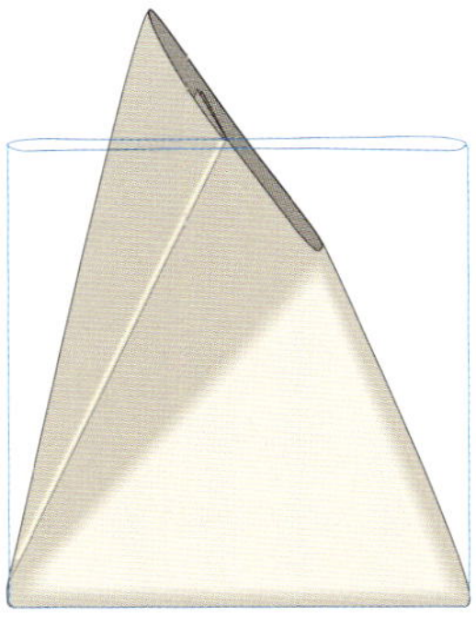

fig. 3

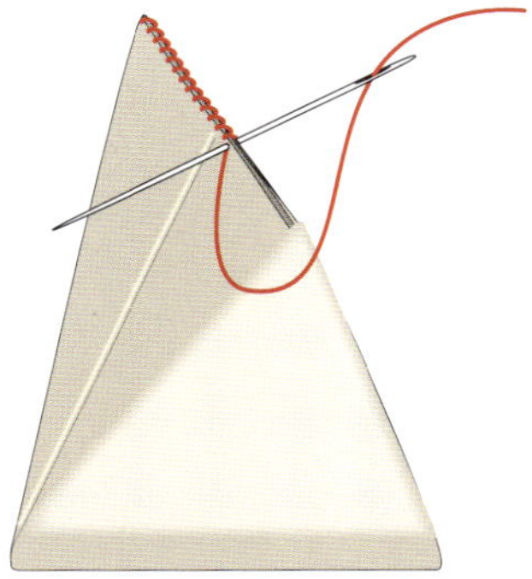

fig. 4

Pâte d'amande

Dimension : 3,5 cm de côté

des chutes de toile de lin (écru) en 11 fils/cm – de la ouatine

Reportez-vous au diagramme ci-dessous et brodez les motifs au point de croix avec 2 brins de coton mouliné par aiguillée.

Découpez les broderies en laissant 5mm autour de chaque motif. Cousez la bande autour d'un carré rose.

Cousez ensuite l'autre carré rose sur la bande et remplissez avec de la ouatine avant de fermer.

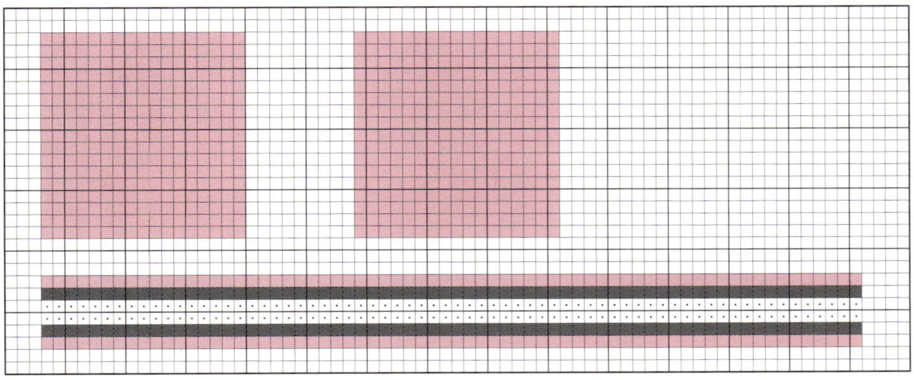

J'aime le chocolat

La vie est comme le chocolat, c'est l'amer qui fait apprécier le sucré.

Xavier Brébion

Dimensions : 22 x 15 cm

une échevette de coton mouliné DMC de chaque coloris
15 x 25 cm de toile Aïda (écrue) en 7 points/cm
70 cm de croquet (marron)
un carton de 20,5 x 12 cm
une boîte de 22 x 15 cm
du molleton

Reportez-vous au diagramme ci-dessous et brodez le motif au point de croix avec 2 brins de coton mouliné par aiguillée.

Posez le molleton sur le carton puis tendez la broderie sur l'ensemble. Rabattez les côtés sur l'envers du carton et collez-les.

Collez le croquet autour et au-dessous *(voir photo ci-contre)* en le laissant dépasser.

Collez enfin la broderie sur le couvercle de la boîte.

801
975
434
435
436
437
369
744
3776

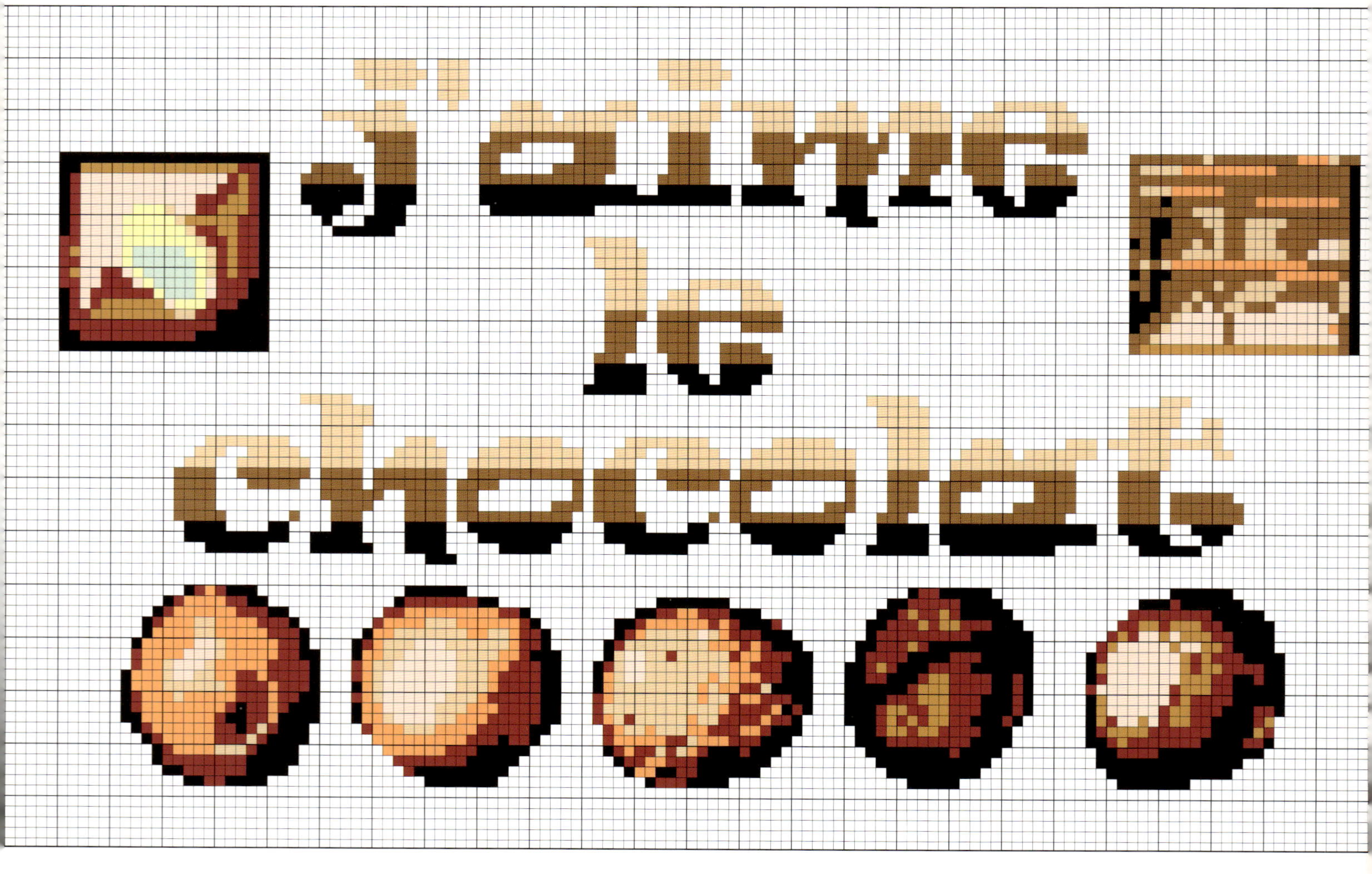

J'aime
le
chocolat

Bonne année

Neuf personnes sur dix aiment le chocolat ; la dixième ment.
John G. Tullius

Bourse à gourmandises

Dimensions : 12 x 24 cm

une échevette de coton mouliné DMC
13 x 50 cm de toile de lin (écru) en 14 fils/cm
80 cm de cordelière (rouge)
24 cm de galon en dentelle à trou-trou en 1,5 cm de largeur

Coupez, dans la toile de lin, un rectangle **A** de 14 x 37 cm et 2 rectangles **B** de 13 x 5,5 cm.

Reportez-vous au diagramme ci-contre et brodez le motif au point de croix avec 2 brins de coton mouliné par aiguillée en commençant à 4,5 cm du haut du rectangle **A**.

Pliez la broderie dans la largeur, endroit contre endroit, et faites une couture à 1 cm de chaque côté.

Retournez sur l'endroit et faites un ourlet de 5 mm sur le bord supérieur. Cousez le galon en dentelle sur celui-ci.

Assemblez les deux rectangles **B**, endroit contre endroit. Retournez sur l'endroit et faites un ourlet de 5 mm sur le bord supérieur. Cousez cette pièce sur la partie supérieure du galon en dentelle pour obtenir le haut du sac.

Insérez la cordelière dans les trous de la dentelle *(voir photo ci-dessous)* et faites un nœud pour fermer le sac.

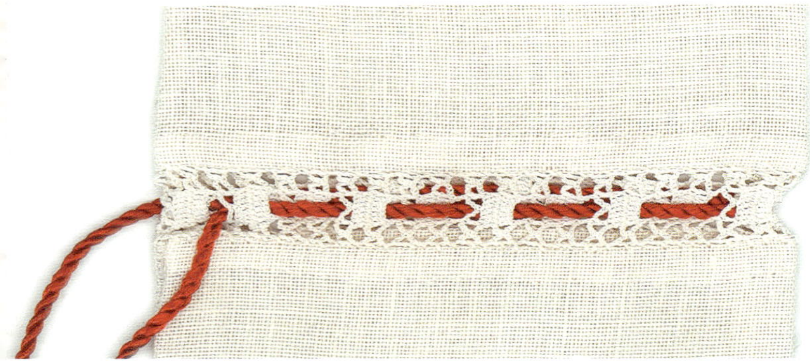

321

Sucre d'orge

Longueur : 17 cm

10 x 30 cm de toile de lin (blanc) en 11 fils/cm – 1 m de ruban (rouge) en 1,5 cm de largeur – 24 cm de fil de fer (fil électrique) – de la ouatine

Reportez-vous au diagramme ci-dessous et brodez le motif au point de croix avec 2 brins de coton mouliné par aiguillée.

Découpez la broderie en laissant 1 cm de chaque côté, 3 cm en haut et 4 cm en bas. Pliez la broderie en deux, mettez de la ouatine et glissez le fil de fer dans celle-ci. Faites un rentré de 1 cm et cousez à points invisibles.

Pliez le sucre d'orge pour lui donner la forme de votre choix. Nouez le ruban rouge autour du sucre d'orge.

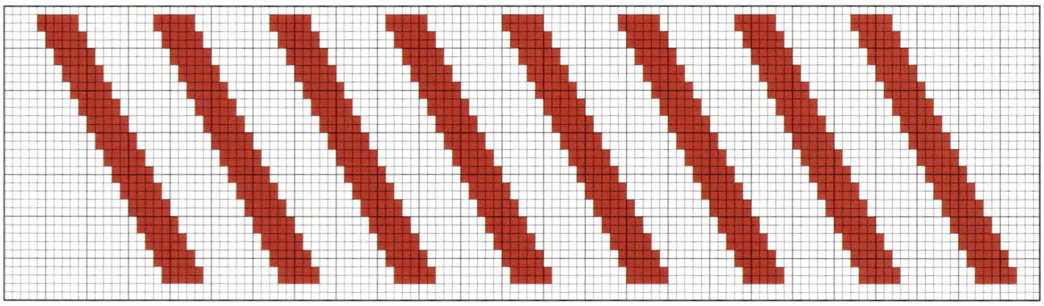

817

Bonne
Année

On change plus facilement de religion que de café.
Georges Courteline

Pause café

Dimensions : 22 x 16 cm

une échevette de coton mouliné DMC de chaque coloris
25 x 30 cm de toile Aïda (ficelle) en 7 points/cm
un cadre de 16 x 22 cm à la feuillure
un carton de 17 x 23 cm

Blanc (3 fils)
435
3354
778
316
315
902

Reportez-vous au diagramme ci-dessous et brodez le motif au point de croix avec 2 ou 3 brins (blancs) de coton mouliné par aiguillée.
Tendez la broderie sur le carton et encadrez-la.

100% arabica
Pause café
PLEYEL

Le café est un breuvage
qui fait dormir
quand on n'en prend pas.
Alphonse Allais

Robusta ou arabica

Reportez-vous aux diagrammes et brodez le motif au petit point *(voir page 5)* avec 2 brins de coton mouliné par aiguillée.

Tendez la broderie sur le carton molletonné et collez-le sur la boîte.

Dimensions : 31,5 x 6 cm

une échevette de coton mouliné DMC de chaque coloris
10 x 35 cm de toile de lin (écru) en 14 fils/cm
une boîte de 8 cm de hauteur et de 33 cm de largeur
un carton de 31,5 x 6 cm – du molleton

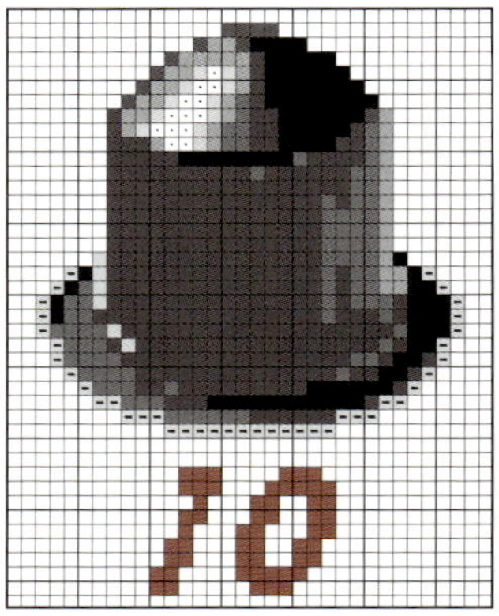

- • Blanc
- – 415
- 318
- 414
- 317
- 3799
- 310
- 801

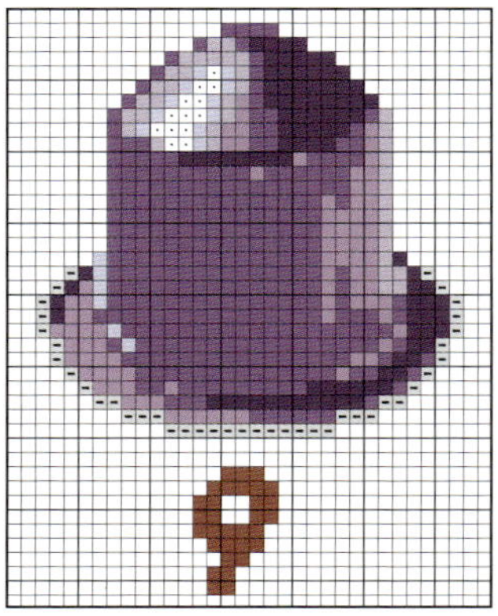

- • Blanc
- 762
- 153
- 554
- 553
- 552
- 550
- 801

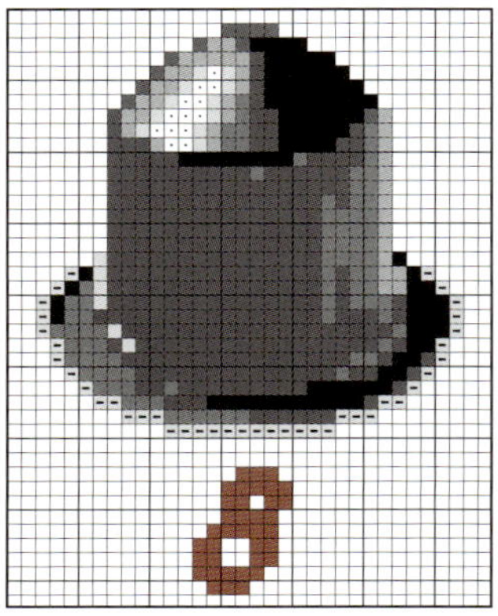

- • Blanc
- – 415
- 3072
- 648
- 647
- 646
- 844
- 801

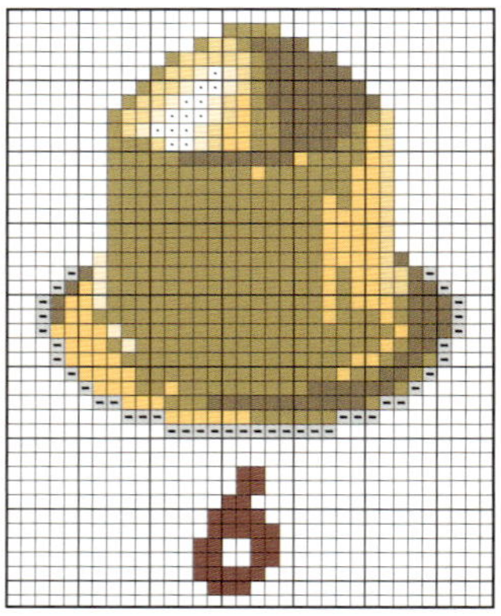

- • Blanc
- – 415
- 676
- 728
- 783
- 782
- 433
- 801

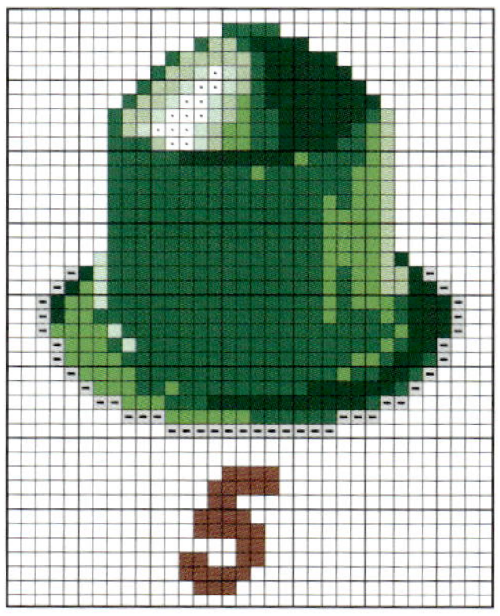

- • Blanc
- – 415
- 369
- 368
- 320
- 367
- 890
- 801

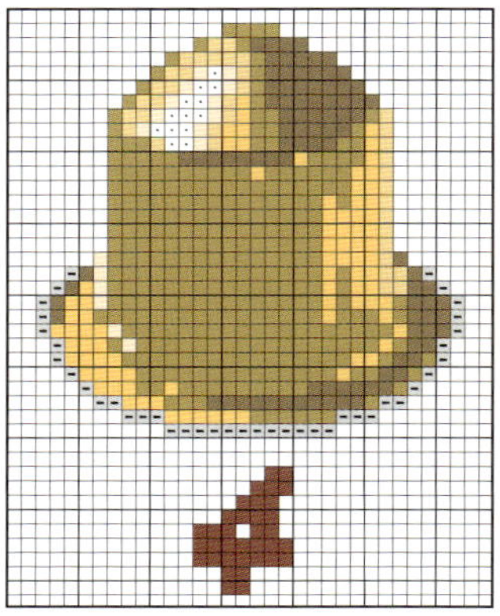

- • Blanc
- – 415
- 746
- 677
- 676
- 729
- 3829
- 801

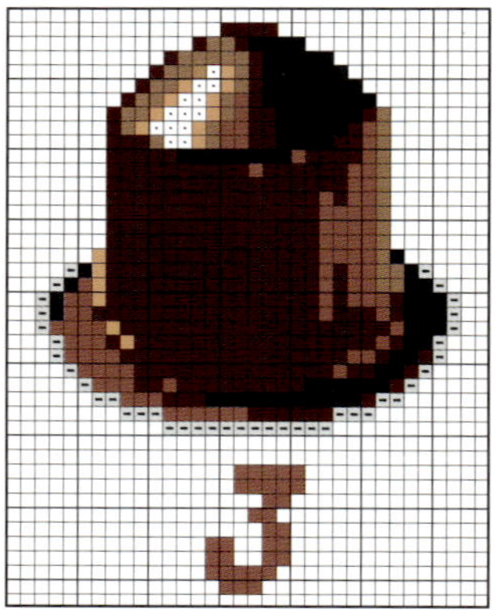

- • Blanc
- – 415
- 436
- 434
- 801
- 938
- 3371

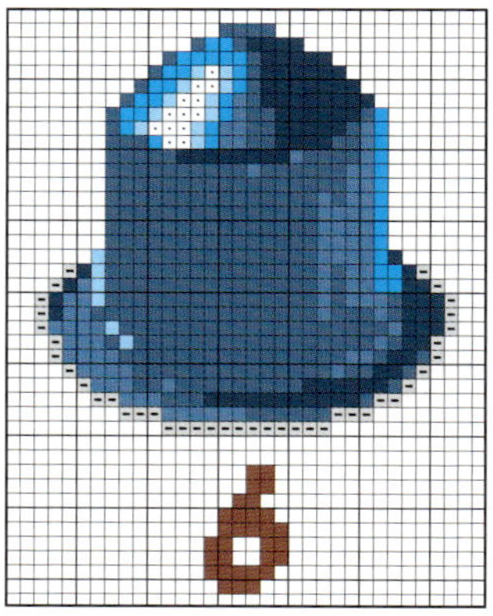

- • Blanc
- – 415
- 800
- 809
- 799
- 798
- 803
- 801

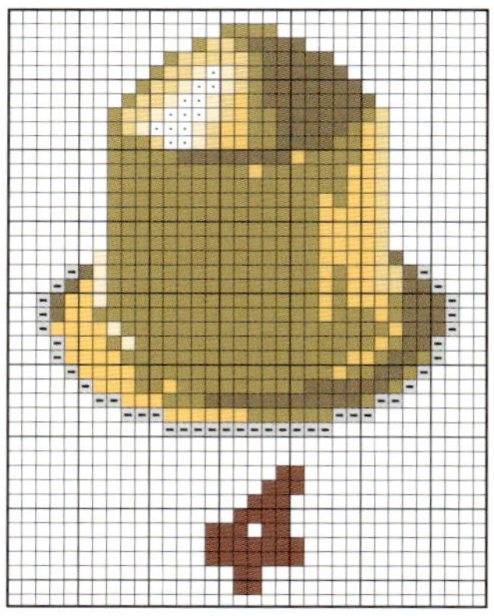

- • Blanc
- – 415
- 3823
- 745
- 3822
- 3821
- 3820
- 801

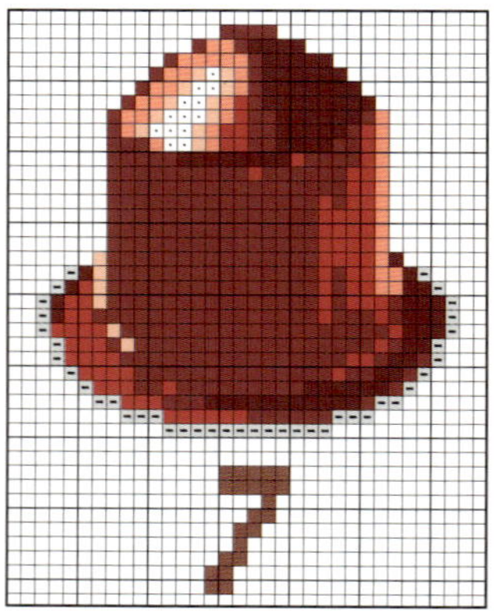

- • Blanc
- – 415
- 152
- 223
- 3722
- 221
- 902
- 801

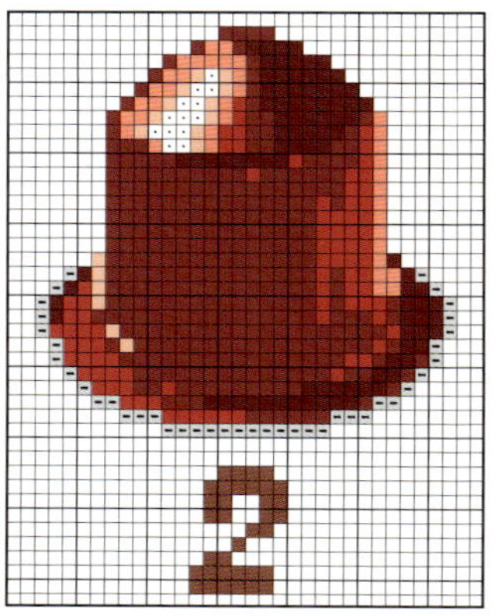

- • Blanc
- – 415
- 353
- 352
- 351
- 349
- 498
- 801

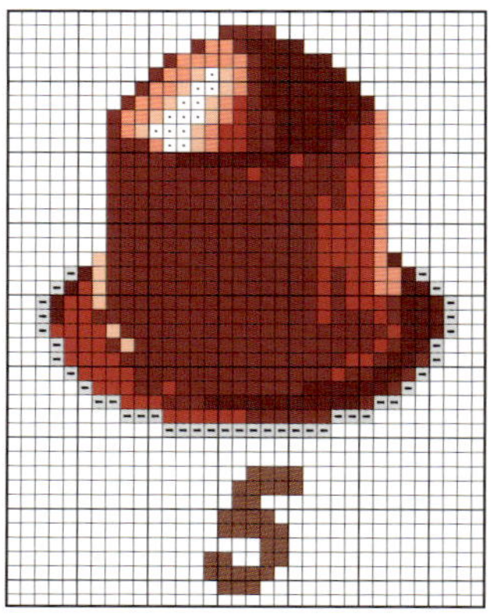

- • Blanc
- – 415
- 3708
- 3706
- 3705
- 3801
- 3831
- 801

10
9
8
6
5
4
3
6
4
7
2
5

L'odeur du pain

Dimension : 20 cm de côté

une échevette de coton mouliné DMC de chaque coloris
25 x 25 cm de toile de lin (ficelle) en 12 fils/cm
une panetière en tissu (vous pouvez aussi la réaliser vous-même, voir ci-dessous)

Reportez-vous au diagramme en pages 54-55 et brodez les motifs au point de croix avec 2 brins de coton mouliné par aiguillée.
Faites un ourlet double de 1 cm autour de la broderie.
Disposez cette dernière dans la panetière.

Réalisation de la panetière

2 carrés de toile de lin (1 ficelle et 1 rouge) de 36 cm de côté
1 carré de molleton de 36 cm de côté
3 m de biais (ficelle)

Superposez le carré de lin rouge, le molleton et le carré de lin ficelle *(fig. 1)*.
Confectionnez les liens. Pour cela, coupez huit morceaux de biais d'environ 18 cm de longueur.
Pliez-les en deux sur leur longueur et cousez-les. Vous obtenez huit liens.
Passez un fil de bâti à 7 cm du bord, en prenant les trois épaisseurs et en insérant les liens *(fig. 2)*. Piquez les 3 épaisseurs en suivant le fil de bâti.
Faites un rentré sur le tour de chaque carré de lin rouge et ficelle. Surpiquez.

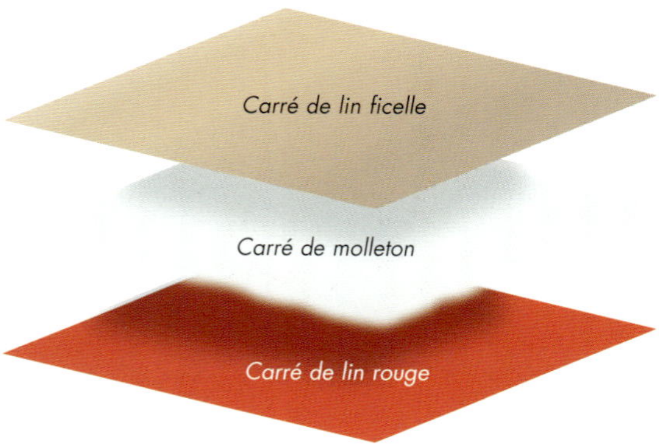

fig. 1

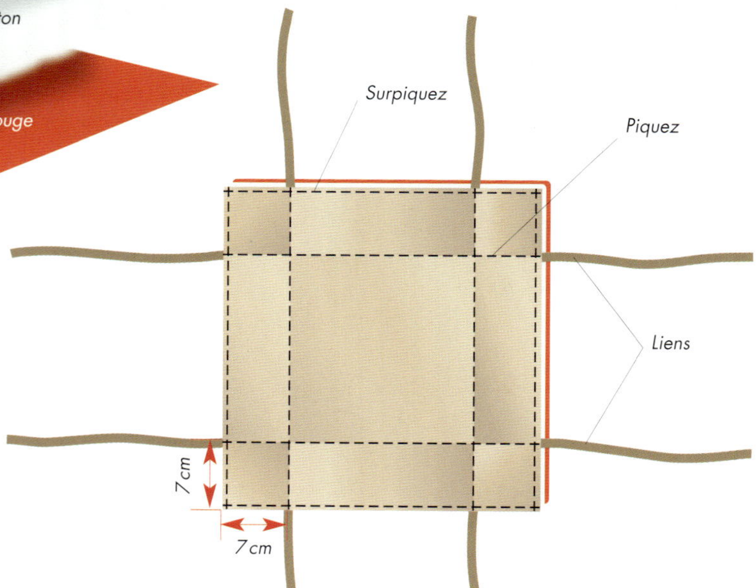

fig. 2

L'odeur du pain

- Blanc
- 3072
- 647
- 844
- 948
- 754
- 758
- 841
- 840
- 839
- 739
- 738
- 950
- 3771
- 407
- 632
- 676
- 680
- 434
- 433
- Point de trait en 844 (1 fil)
- Point de trait en 632 (1 fil)

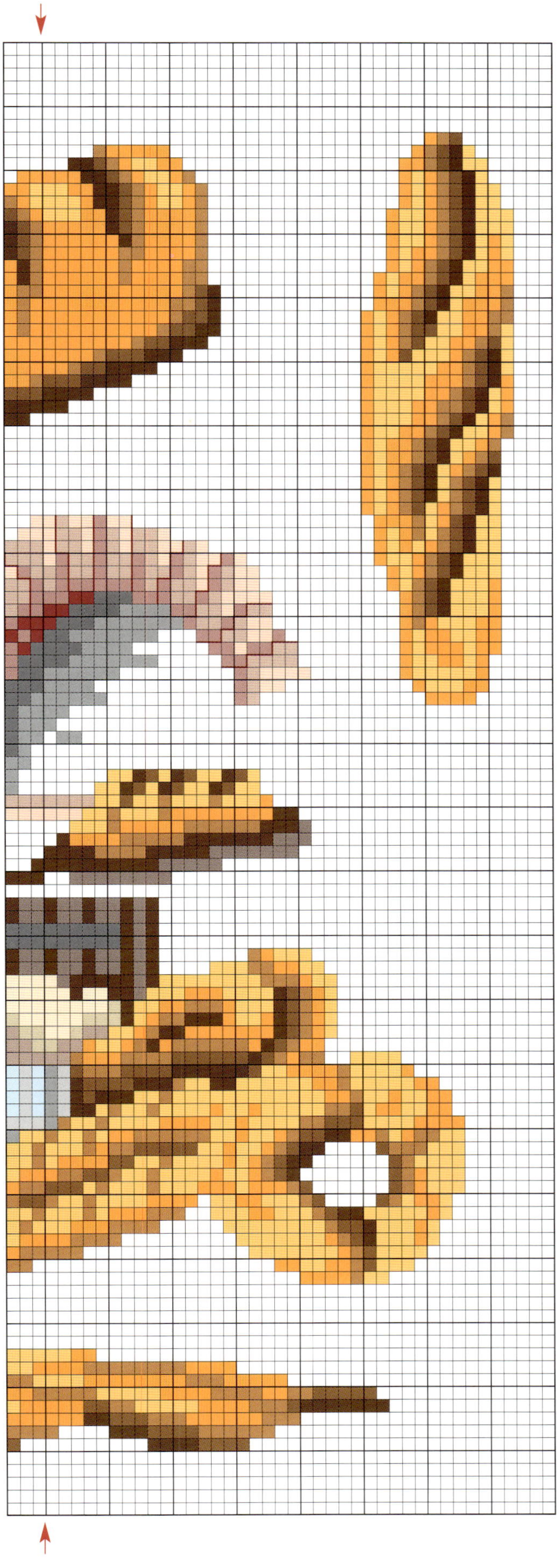

Une idée
de sac à pains

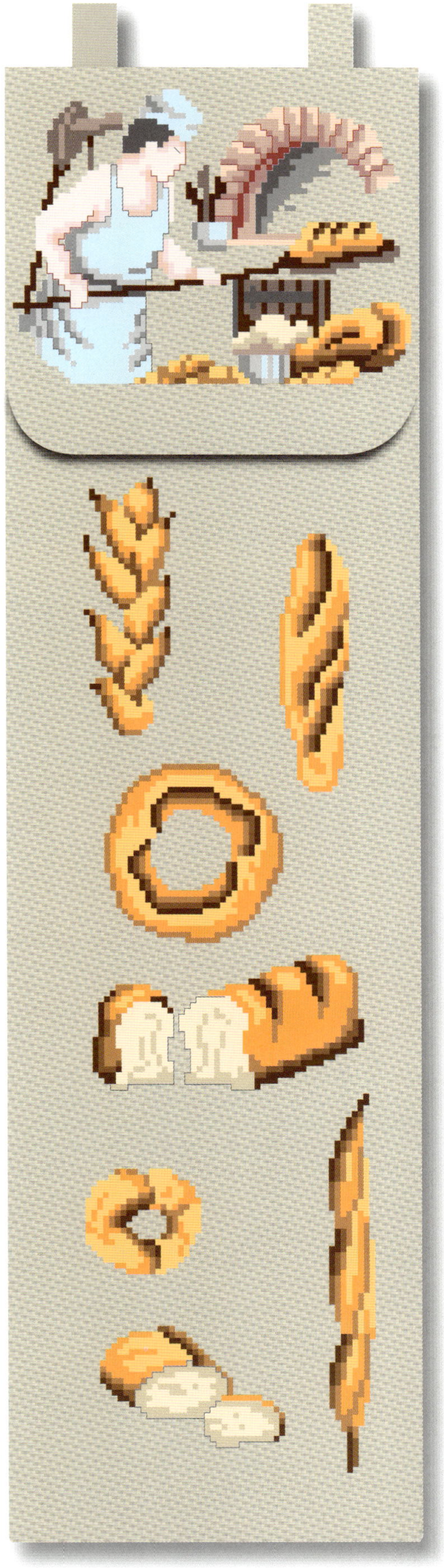

La table est l'entremetteuse de l'amitié.

Les taches fantaisie

Dimensions du tablier : 55 x 82 cm

une échevette de coton mouliné DMC de chaque coloris
un torchon en lin (ficelle) prêt à broder de 60 x 84 cm ou un tablier prêt à broder
2,20 m de biais (marron)

349

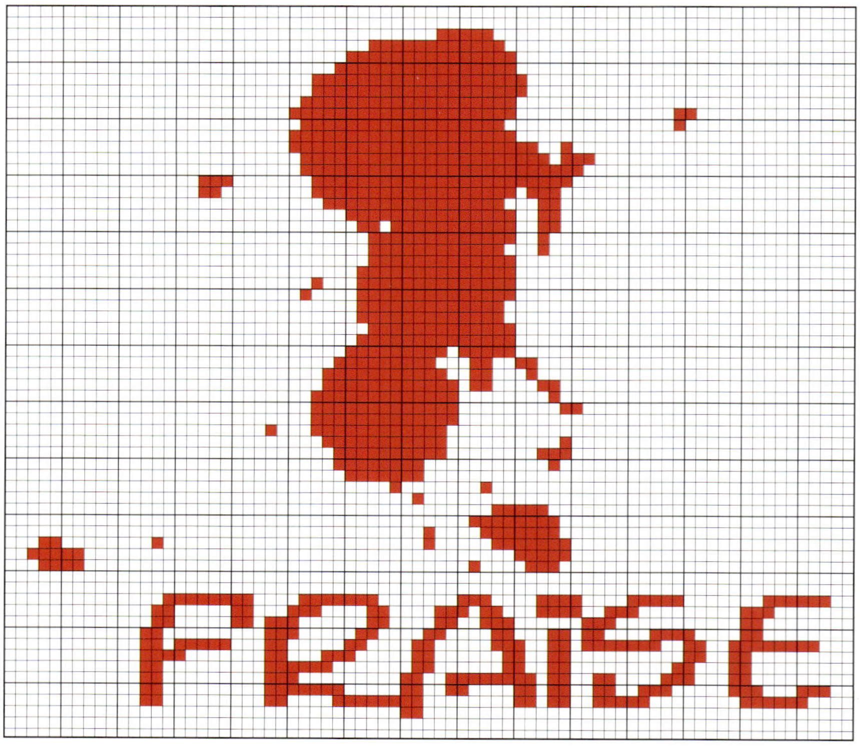

Coupez deux des angles du torchon sur 19 cm de largeur et 26 cm de longueur pour former le tablier. Posez le biais en laissant libre 57 cm de chaque côté et 18 cm au niveau de l'encolure.

Reportez-vous aux diagrammes et brodez au point de croix les taches sur le tablier selon votre fantaisie.

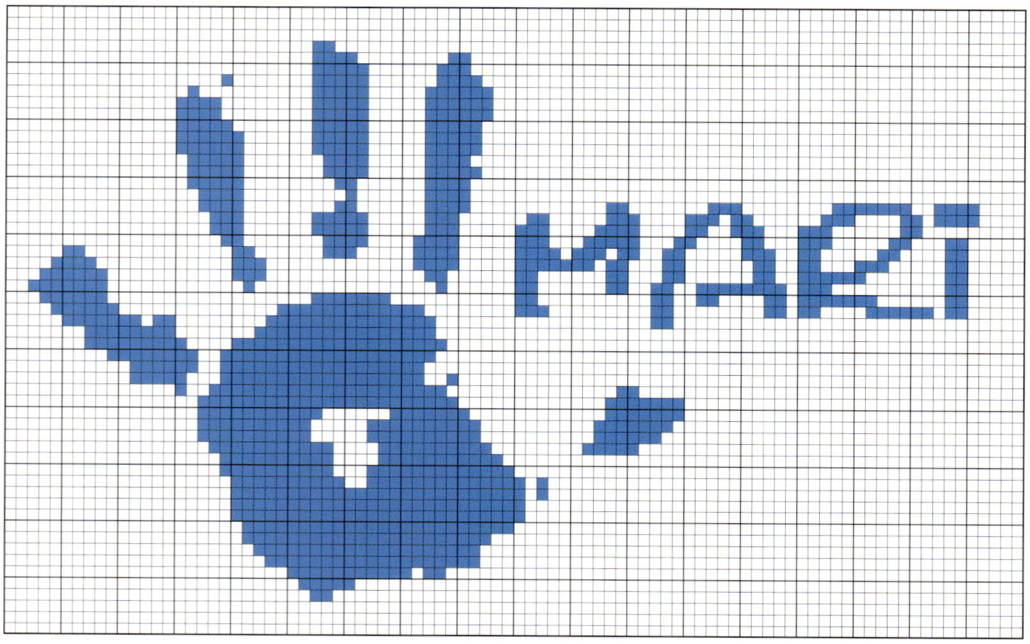

3838

FRAISE
CHOCOLAT

Les taches fantaisie

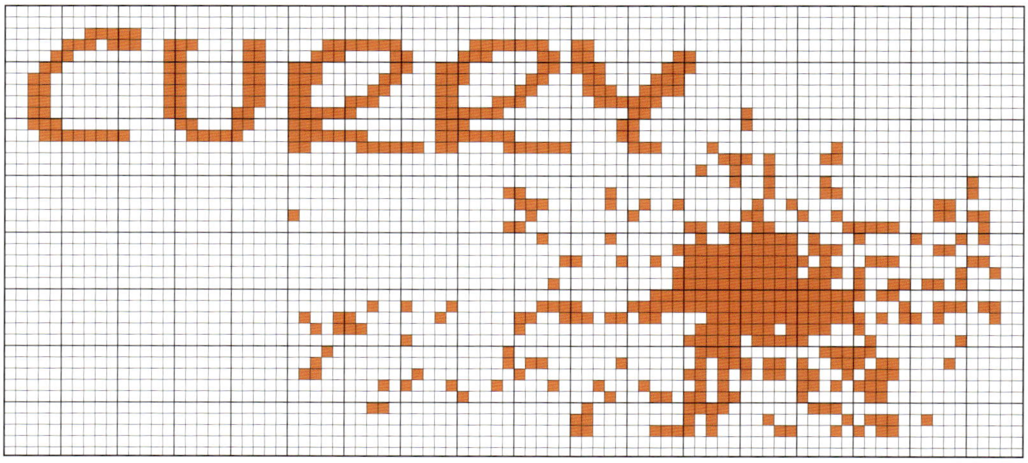

3853

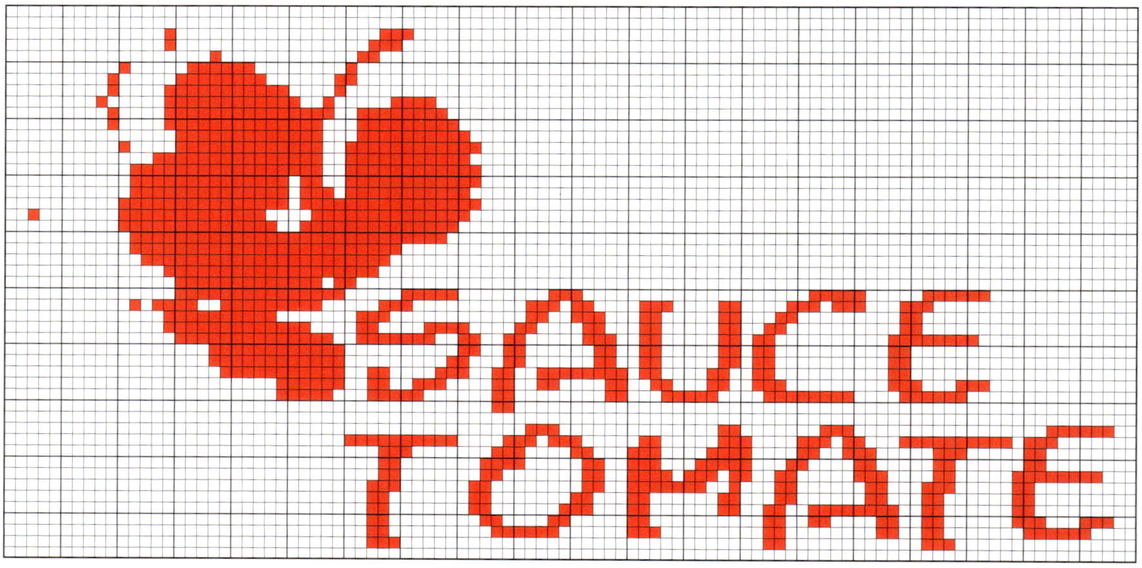

350

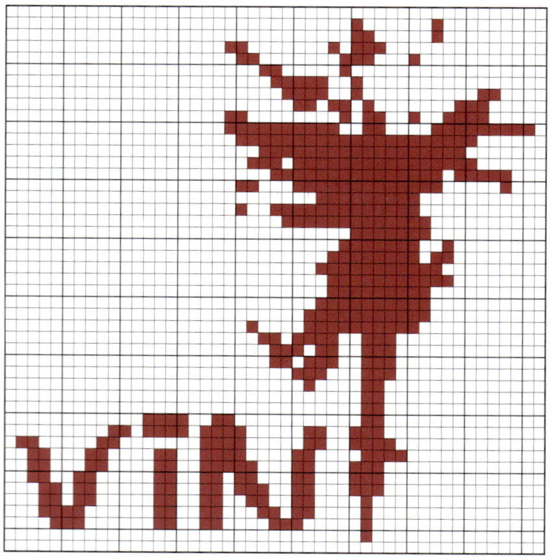

816

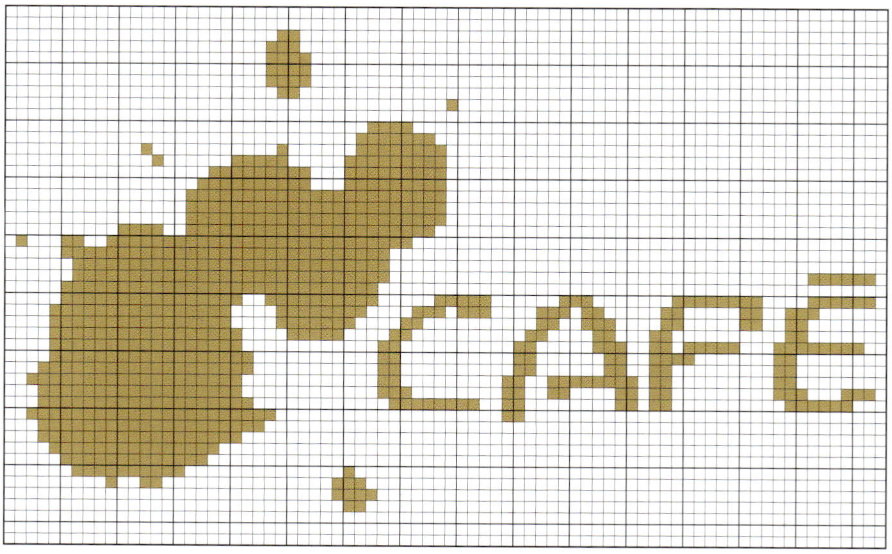

435

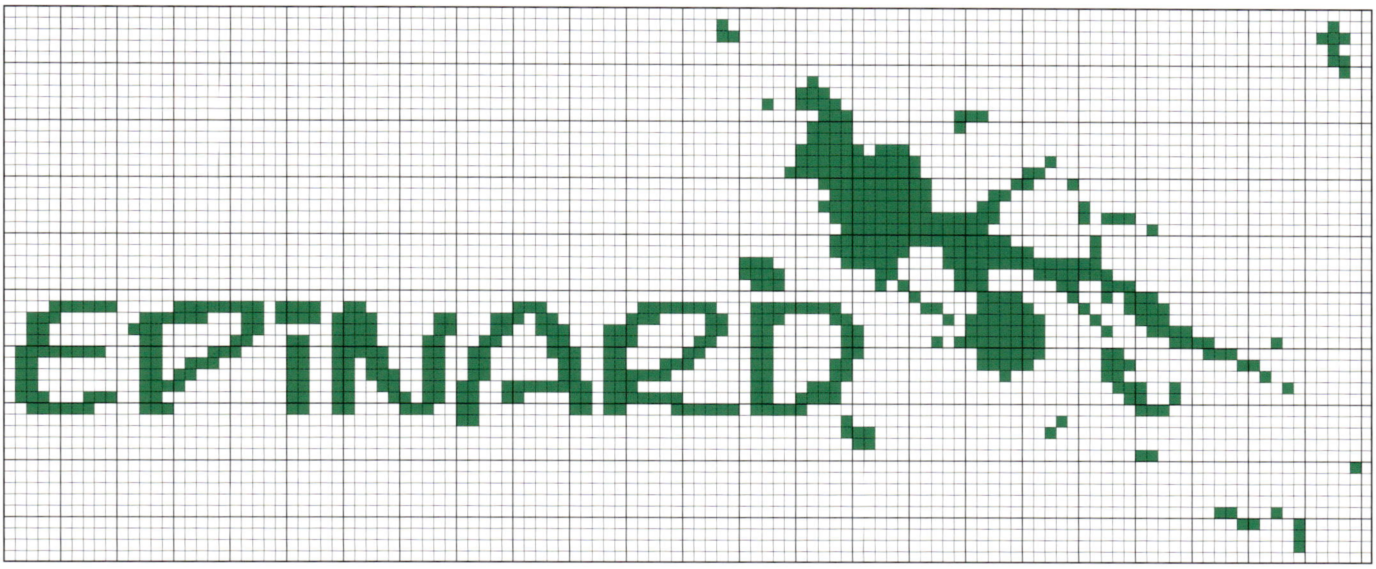

320

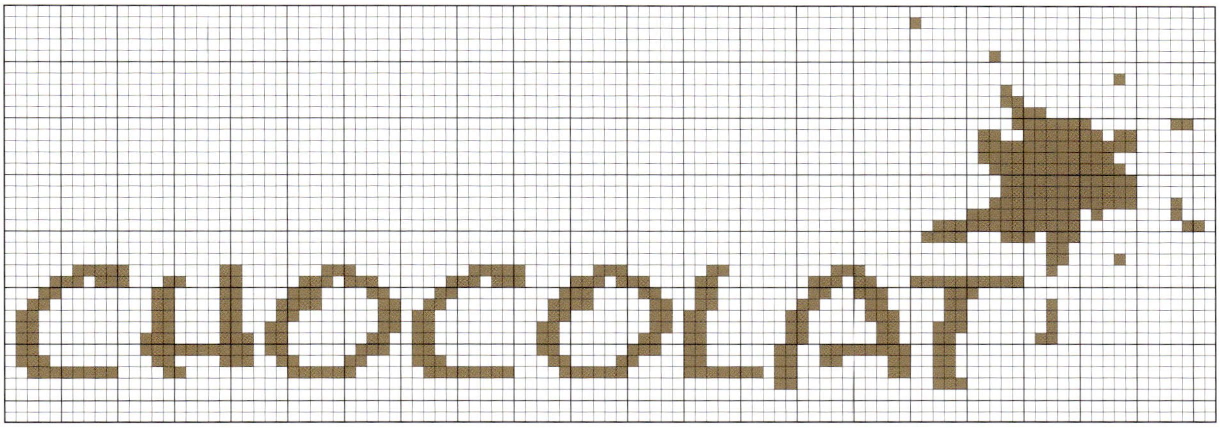

433

3832

Le vin est le plus infaillible des présages car il annonce la joie, la franche gaieté, le bonheur enfin.

Philippe Aubert de Gaste

Le vin chaud

- Blanc
- 762
- 415
- 318
- 946
- 676
- 922
- 921
- 606
- 304
- 815
- 814

Dimensions : 15 x 20 cm

une échevette de coton mouliné DMC de chaque coloris
20 x 30 cm de toile de lin (ficelle) en 12 fils/cm
15 x 30 cm de tissu assorti
du bolduc (rouge) en 1 cm de largeur

Reportez-vous au diagramme et brodez le motif au point de croix avec 2 brins de coton mouliné par aiguillée en le commençant à 5 cm du haut.

Pliez la broderie dans le sens de la hauteur, endroit contre endroit, et faites une couture sur le côté et en bas.

Aplatissez les angles et cousez-les à 2 cm de la pointe.
Retournez le sac sur l'endroit.

Pliez le tissu assorti en deux dans sa longueur, faites un rentré de 1 cm et cousez-le en haut du sac, à 2 cm de la broderie.

Fermez le sac en nouant un morceau de bolduc.

Vin
chaud

En cas d'urgence

Qu'est-ce que la santé ?
C'est du chocolat.

Anthelme Brillat-Savarin

Dimensions : 13 x 18 cm

une échevette de coton mouliné DMC
12 x 18 cm de toile de lin (ficelle) en 12 fils/cm
des chutes de lin pour tapisser la vitrine
une vitrine de 10 x 15 cm à la feuillure
un carton de 9 x 14 cm

Reportez-vous au diagramme et brodez le texte au petit point *(voir page 5)* avec 2 brins de coton mouliné par aiguillée.

Habillez la vitrine avec le lin.

Tendez la broderie sur le carton et collez-la au fond de la vitrine.

Disposez quelques chocolats dans la vitrine.

■ 115

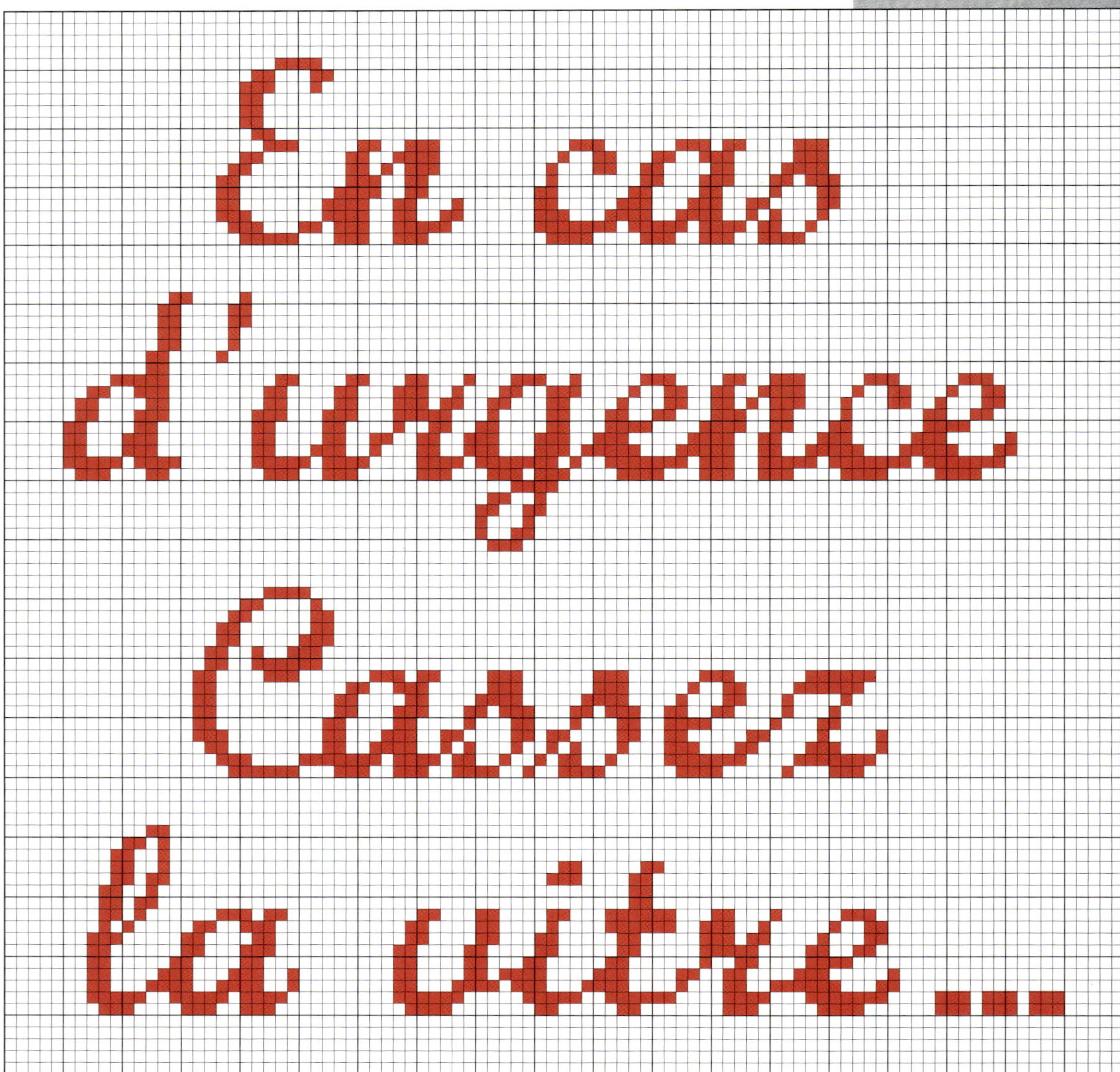

En cas
d'urgence
Cassez
la vitre...

Table des matières